KB135297

하고 싶은 일이
있는 아이로
키우는 방법

하고 싶은 일이 있는 아이로 키우는 방법

류인찬 지음

한국출판정보

"하고 싶은 게 없어요" 하고 싶은 일이 없는 이유,
하고 싶은 일이 있는 것이 중요한 이유와
그런 아이로 키우는 방법

"하고 싶은 게 없어요", "뭘 해야 할지 모르겠어요" 청소년 상담을 하
다 보면 특히 진로와 관련된 이야기를 하다 보면 자주 듣게 되는 말입니
다. 하고 싶은 것은 스스로 정해야 하는 것으로 다른 사람이 대신 정해
주기는 어렵습니다. 이는 부모도 마찬가지입니다. 이전 세대에는 부모
가 원하는 직업을 갖기 위해 노력하기도 하고 나름 그런 삶에 만족하는
경우도 있었습니다. 그렇지만 지금 세대는 개성을 중시하고 다양한 가
치가 인정받고 존중받는 시대가 되었습니다. 그러므로 더더욱 자신이
무엇을 가치 있게 생각하고 그것을 실현할 수 있는 일이 무엇인가에 대
한 고민은 더욱 중요해졌습니다.

하지만 아쉽게도 우리나라는 변화하고 있기는 하지만 입시 위주의 교
육과 그 영향력이 학교, 사회, 가정에서 여전히 크게 작용하고 있는 것

이 현실입니다. 이런 현실 속에서 여전히 우리 청소년들은 자신이 무엇을 원하는지 깊이 숙고해 보고 또 어떤 일을 앞으로 하고 살아갈지 고민해 보지 못한 채 대학에 입학하거나 사회에 나오기도 합니다. 그러고 나면 비로소 이 선택이 맞는 선택이었는지? 혹은 앞으로 이 일, 혹은 이 분야에서 일하는 것이 내게 맞는지 고민하기도 합니다. 그러므로 우리나라의 진로탐색은 대학교에 와서야 시작된다고 이야기하기도 합니다.

이런 모습이 여전히 반복되고 있는 것은 여러 복합적인 요인이 영향을 미친 결과로 상당한 시행착오 혹은 시간의 낭비로 이어질 수 있습니다. 예를 들어 공부만 열심히 하여 의과 대학에 진학하였으나 도저히 적성에 맞지 않아 2~3년 후 자퇴를 하게 되는 경우도 실제로 종종 발생합니다. 또한, 힘들게 들어간 직장 혹은 힘들게 된 공무원을 1~3달 만에 그만두기도 합니다. 이렇게 되면 그동안 들인 노력이 상당히 비효과적으로 사용된 셈이 됩니다. 개인의 삶의 측면에서도 보면 상당히 아쉬운 일이 아닐 수 없습니다.

이러한 시행착오, 혹은 낭비를 막기 위해 진로에 대한 고민과 계획이 적기에 이뤄질 필요성이 있습니다. 그래서 사회적으로, 정책적으로 여러 가지로 진로에 대한 중요성을 강조하는 방향으로 변화가 되어가고 있습니다. 이는 상당히 고무적이고 바람직하다고 생각합니다.

하지만 우리나라에서 진로에 대한 그리고 일에 대한 탐색과 계획을 청소년 혼자 해나가기에는 대부분의 경우 상당히 어려운 것이 현실입니다. 왜냐하면, 정보가 인터넷에 넘쳐나지만 실제로 어떤 것이 현실적으로 도움이 되고 맞는 정보인지는 아직 청소년의 안목으로는 알기 어려운 경우가 많기 때문입니다. 혹은 청소년이 이해하기에는 너무 어려운 방식으로 정보가 제공되어 있기도 합니다.

이런 경우 청소년의 가장 훌륭한 조력자이자 진로상담사가 되어줄 수 있는 것이 바로 다름 아닌 부모입니다. 자녀가 가장 많이 보고 처음으로 가까이서 보게 되는 직업은 대부분의 경우 부모의 직업입니다. 그래서 실제로 부모와 같은 직업을 선택하는 경우도 많습니다. 또한, 대부분 부모는 사회생활 경험이 있고 일을 해본 경험이 있습니다. 그리고 사회가 어떻게 흘러가는지도 자녀보다 더 잘 알고 있습니다. 이런 경험을 바탕으로 아이가 자신의 진로를 잘 탐색하고 효과적으로 설계해 나가는 데 누구보다도 큰 도움을 줄 수 있습니다.

하지만 아쉽게도 이런 일들이 잘 이뤄지지 못하는 이유는 바로 다름 아닌 부모의 자녀에 대한 큰 기대 혹은 욕심 때문입니다. 이로 인해 너무 감정적이거나 너무 이성적 혹은 이상적이기만 한 조언을 하거나 화를 내게 되어 진로에 도움을 주기는커녕 오히려 부모-자녀 관계가 돌이키기 어려울 정도로 나빠지기도 합니다.

또한, 현재는 그 언제보다도 부모와 자녀 세대의 차이가 큰 시대라고 할 수 있습니다. 어느 때보다도 급격하게 변화하는 시대와 사회로 인해 부모세대가 청소년 시기에 겪은 경험은 지금 청소년이 경험하고 있는 것과는 조금 과장되게 말하면 거의 유사점을 찾기 힘들 정도이며 다르게 표현하면 외국이나 다름없는 수준이라고 표현하기도 합니다. 언어만 생각해봐도 청소년들이 쓰는 언어를 부모가 이해하지 못하는 경우도 많으니 그야말로 외국이라는 표현이 일리가 있는 표현이라고 할 수 있겠습니다.

실제로 청소년 상담을 해오고 부모와 청소년들을 만나면서 이런 불일치를 많이 경험하였습니다. 이로 인해 부모-자녀 관계만 나빠지고 자녀는 자녀대로 중요한 시기에 진로에 관한 준비를 하지 못해 더욱 상황이 악화하는 경우들을 많이 보았습니다. 이럴 때마다 참 답답한 마음이 들었습니다. 상담을 통해 이런 부분에서 서로에 대한 이해를 높이고 서로 관계를 회복하고 진로에 있어서도 성공적으로 해나갈 수 있도록 도울 수 있었습니다. 하지만 이런 사례가 반복되는 것을 경험하면서 좀 더 많은 사람에게 도움을 주고 싶다는 마음에서 이 책을 쓰게 되었습니다.

다시 서두로 돌아가 "하고 싶은 게 없어요"라고 말하는 청소년의 경우 대부분은 청소년기의 특성을 생각했을 때 "어떻게 해야 할지 잘 모르겠어요" 혹은 "하고 싶은 것은 있는데 제가 할 수 있을지, 어떻게 해야 할지 모르겠어요"와 같은 뜻을 내포하고 있다고 할 수 있습니다. 그렇다면 이런 말을 들었을 때 "너는 왜 하고 싶은 게 없냐?"든지 "뭐든지 하고 싶은 것만 찾아오면 도와주겠다"라고 부모가 이야기하는 것은 별로 효과적이지 않습니다.

이를 찾는 것부터 부모가 함께해주고 도와줄 때 부모에 대한 신뢰를 기반으로 하여 자녀가 자신이 원하는 길을 찾고 걸어갈 수 있도록 할 수 있을 것입니다. 이런 과정에서는 여러 요인이 중요하게 작용하게 됩니다. 무엇보다 부모-자녀 관계가 중요하고 자녀에 대한 이해와 현재 자녀의 발달단계에 대한 이해가 중요합니다. 그리고 일과 진로에 대한 이해도 중요합니다. 이러한 신뢰와 이해에 바탕을 두고 자녀의 성장과 진로발달을 함께 해나간다면 분명 "하고 싶은 게 없어요"가 아닌, 하고 싶은 일이 있고 이를 위해 공부하고 노력해나가는 아이로 키울 수 있을 것입니다.

이를 위해 이 책에서는 부모-자녀 대화법과 부모-자녀 관계를 잘 맺고 유지하는 방법 그리고 일과 진로에 대해 부모가 알아야 할 것들 그리고 무엇보다도 이론적인 내용에서 그치는 것이 아니라 실질적인 사례들에 있어서 어떻게 구체적으로 상황에 따라 부모가 자녀와 상호작용해야 하는지를 제시하고 있습니다. 이러한 책의 내용이 부모-자녀 관계 그리고 자녀의 성장과 진로발달에 도움이 되길 바라고 그럴 수 있을 것이라 믿습니다.

3
Chapter

"너는 어떤 일을 하고 싶니?"
진로탐색이 중요한 초등학생 시기

1

Chapter

부모와 대화가 잘되고
관계가 좋은 아이가
진로와 학업에서도 성공한다

01

♦♦♦

청소년에게 진로와
부모와의 대화가 중요한 이유

정신분석의 창시자로 이후 심리치료, 심리상담에 지대한 영향을 미친 프로이트는 "사랑과 일, 일과 사랑 그것이 전부이다(Love and Work, Work and Love That's all there is)"라고 말했다고 합니다. 이 문구는 영화 〈인턴〉에서 첫머리에 인용되어 많은 사람에게 알려지기도 하였는데요. 삶에서 사랑과 일이 전부라고 이야기한 것인데 상당히 동의가 되는 말입니다. 여기서 말하는 사랑은 꼭 연인과의 사랑이 아닌 대인관계에서 경험하는 애정이라고 할 수 있습니다. 즉, 부모와의 관계, 친구와의 우정, 연인과의 사랑 등을 포괄한다고 할 수 있습니다. 그리고 사랑과 함께 일을 이야기하였는데요. 일이란 사람의 삶에서 자신의 정체성을 정의하는 데 상당히 중요한 역할을 합니다. 우리가 일반적으로 누군가를 만나면 이름 다음으로 물어보게 되는 것이 직업입니다. 그만큼 그 사람이 누구인가를 가장 직접적으로 보여주는 것이 일이라고 할 수 있을 것입니다. 이렇게 보면 프로이트의 말에 고개가 끄덕여집니다.

프로이트는 또한 심리치료의 궁극적인 목적이 사랑하고 일하는 능력의 증진에 있다고 하였습니다. 심리치료 혹은 심리상담이 사람의 현재에서의 적응적인 삶을 사는 것을 돕는 것이라고 한다면 결국 일하고 사랑하는 능력이 잘 발휘된다면 적응적인 삶을 살고 나아가 만족하는 삶을 살 수 있을 것으로 본 것이라 할 수 있습니다.

심리상담사로 일하다 보면 결국 프로이트가 말하는 일과 사랑이 대부분의 문제를 해결하고 발전적인 방향으로 나아가는 데 가장 중요한 요소가 된다고 느끼게 됩니다. 심리상담에서 주로 다뤄지는 이슈는 대부분 대인관계와 연관이 되는데 우리나라의 전통적이고 대표적인 관계의 어려움이라고 할 수 있는 고부갈등이라든지 부모와 자녀 간의 갈등 등을 예로 들 수 있습니다. 그리고 일터에서 상사와의 갈등, 동료와의 갈등 등 우리에게 어려움을 만드는 것은 대부분 관계의 어려움이라고 할 수 있습니다. 그러니 이런 관계의 어려움을 잘 다루는 능력을 갖춘다면 삶에서 대부분의 어려움이 해소된다고 할 수 있겠지요.

한편 일이라는 것에 대해 생각해 보면 일은 생존과 자신의 정체성과 관련된다고 할 수 있습니다. 일을 하지 않는다면 일차적으로는 엄청난 재산이 있는 것이 아니라면 당장 생계가 어려워질 것입니다. 그러니까 일이 우리의 삶을 유지하는 기본요소가 된다고 할 수도 있겠습니다. 또한, 일은 개인의 정체성을 나타내기도 하고 스스로 일을 자신의 정체감 혹은 삶의 의미와 연결시키기도 합니다.

생계를 위해 일을 하더라도 자신의 정체성, 가치관, 흥미 등과 맞지 않는 일을 하고 있다면 무언가 공허함을 느끼고 자신에게 맞지 않는 옷을 입고 있는 것 같은 답답함을 느낄 수 있습니다. 또한, 사회적 지위나 명예를 중요시한다면 그에 맞는 직업을 가지지 못하면 스스로 못났다고 느낄 수도 있을 것입니다. 많은 고위공직자들이 정년퇴직 후 커다란 공허함과 정체감의 혼란 등을 경험하는 것도 비슷한 맥락에서 이해할 수 있습니다.

이처럼 일은 우리의 삶의 의미, 자신의 정체성 등과 연관된다는 점에서 삶의 중요한 구성요소가 된다고 할 수 있겠습니다. 또한, 일은 앞서 말한 사랑과 서로 관련되는데 일터에서 만난 사람과의 관계 때문에 힘들 수도 있고 업무 능력을 인정받는 것이 애정과 사랑을 받는 것으로 느껴져 삶의 보람과 의미를 제공할 수도 있습니다.

이처럼 우리 삶에서 중요한 두 개의 축을 일과 사랑이라고 한다면 청소년들에게는 어떨까요? 청소년에게 이를 그대로 대입하면 청소년에게 주된 일은 일단은 진로와 학업이라고 할 수 있을 것입니다. 하지만 모든 청소년에게 학업이 주된 일이 되는 것은 아닐 수 있습니다. 예체능과 같은 진로를 잡는다면 아무래도 학업보다 더 우선시되는 일이 있을 수도 있습니다. 그렇게 보면 청소년에게는 일이란 보다 큰 관점에서 학업과 진로를 설정하는 것이라고 할 수 있습니다. 청소년기를 성인기를 준비하는 시기라고 본다면 성인이 된다는 것은 스스로 한 명의 사회구성원으로서 역할을 하는 것으로, 이는 결국 무언가 자기 일에 종사하는 것과 연결된다고 할 수 있습니다. 그렇다면 이런 일을 준비하는 과정이 바로 진로를 탐색하고 계획하고 실천해 나가는 것이라고 할 수 있으며 이런 과정이 청소년기에 주로 신경 써야 하는 일이라고 할 수 있겠습니다.

그러면 청소년에게 사랑은 어떻게 적용할 수 있을까요? 앞서 프로이트가 말한 사랑을 대인관계의 전반에 적용할 수 있다고 하였는데 청소년에게도 마찬가지입니다. 유아기에는 무엇보다도 부모와의 관계가 가장 중요하고 절대적입니다. 그러다가 청소년기에 들어서면 또래 관계가 가장 중요하게 변해갑니다. 좀 더 지나서 성인 초기가 되어가면서는 또래 관계, 부모와의 관계, 부모 이외의 성인과의 관계가 모두 중요하게 변화되어 갑니다. 청소년기에는 특히나 또래 관계 그리고 부모와의 관계가 매우 중요한 시기가 됩니다.

사춘기의 특성이 나타나면서 부모와의 관계에서 많은 갈등을 겪기도 하고 심지어는 부모와의 관계가 파탄나서 돌이키기 어려운 수준이 되기도 합니다. 또한, 학교에서 또래 관계에서 성공 경험을 하기도 하는 반면 학교폭력 등으로 큰 상처를 입어 회복하기 어려운 상황이 되기도 합니다. 어찌 보면 청소년기의 대인관계는 그야말로 지뢰밭처럼 느껴질 수도 있습니다. 언제 어디서 문제가 생길지 예측하기도 어렵기 때문입니다.

어떤 상황에서도 잘 대응할 수 있는 대인관계 기술과 대인관계 패턴을 형성한다면 더 바랄 것이 없을 것입니다. 그런데 청소년의 대인관계의 패턴이나 특성은 결국 부모와의 관계에 기반을 두고 형성되게 됩니다. 그러므로 유아기, 그리고 청소년기 초기의 부모와의 관계가 매우 중요하다고 할 수 있습니다. 초기에 관계를 잘 맺지 못하였다고 하더라도 아직 청소년기에는 성격 등이 형성되는 과정이기 때문에 부모가 노력한다면 관계를 개선하고 관계를 맺는 능력을 향상시킬 수 있습니다.

종합하자면 청소년기에는 진로와 대인관계가 두 개의 큰 축으로 작용한다고 할 수 있습니다. 그런데 이 두 축 모두 부모와의 관계 그리고 부모의 역할에 따라 큰 영향을 받게 됩니다. 진로의 경우는 자녀가 가장 관심을 가지고 많이 접하게 되는 직업은 자연스럽게 부모의 직업이 됩니다. 그리고 부모의 직업에 대한 가치관은 그대로 자녀에게 전달되게 됩니다. 부모가 자신의 직업에 대해 가지고 있는 생각이나 관심 등이 그대로 자녀로 이어지게 되는 것입니다. 한국의 전설적인 축구선수인 차범근 감독의 아들이 축구선수가 되고 농구대통령이라 불리는 허재 선수의 두 아들이 모두 농구선수가 된 것만 봐도 이런 영향력이 얼마나 큰지 알 수 있을 것입니다.

실제로 청소년들을 만나보면 진로에 대한 탐색이나 고민이 부족한 학생들의 경우 별생각 없이 부모의 직업을 직업으로 삼고 싶다고 이야기하기도 합니다. 한편 부모가 자신의 직업에 대해 부정적인 이야기를 지속한다면 자녀는 어쩌면 일이라는 것이 고통스럽고 돈을 위해 어쩔 수 없이 하긴 하지만 최대한 안 하면 안 할수록 좋은 것이라고 인식할 수도 있습니다. 반면 부모가 자신의 직업에 자부심을 느끼고 자신의 직업이 가지는 의미 등에 대해 자녀에게 설명해준다면 자녀도 비슷한 직업을 가지고 싶어 하거나 자신에게 의미가 있는 직업을 찾고 그 직업을 가지기 위해 스스로 노력하는 사람이 될 수도 있을 것입니다.

대인관계에서의 부모의 영향 역시 매우 크다고 할 수 있습니다. 흔히 볼 수 있는 사례로 학대받고 자란 아이가 나중에 자신의 아이를 학대하게 되는 경우가 있습니다. 절대 그러지 않을 것 같은데 많은 경우 비슷한 행동을 하게 됩니다. 심지어는 스스로는 맞고 자라면서 절대 자신은 때리지 않겠다고 수도 없이 다짐하였다고 하지만 부모가 되어 자녀를 때리는 자신을 발견한다는 것은 여러 매체를 통해 실제 사례로 접할 수 있습니다.

이는 모방학습 때문이라고 할 수 있습니다. 무언가 관계에서 갈등 상황을 접하였을 때 해결방안으로 때리는 것 말고는 다른 방식을 보고 배운 적이 없기 때문입니다. 대인관계 패턴이나 대인관계 기술은 우리 유전자에 들어 있어서 일정 나이가 되면 자연스럽게 습득되는 그런 것이 아닙니다. 아이가 처음 접하는 타인과의 관계는 부모와의 관계인데 어린 시절부터 부모와의 관계를 통해 타인과의 관계를 어떻게 맺고 상황에 따라 어떻게 행동해야 하는지를 부모의 행동을 보고 배우게 됩니다. 그렇게 생각하면 부모의 역할이 얼마나 막중한지 새삼 놀라지 않을 수 없습니다. 이 대인관계 패턴이라는 것은 청소년기뿐 아니라 성인이 되어서 수많은 관계 속에서 살아가며 영향을 미치기 때문에 관계로 인해 성공하기도 하고 관계 때문에 엄청난 실패를 하기도 하는 현대인에게 매우 중요한 요인이 되며 진로와 사회적 성공에도 큰 영향을 미친다고 할 수 있습니다.

이처럼 청소년 자녀가 진로를 준비하고 대인관계 기술을 습득해 나가는 과정에서 부모의 역할은 매우 중요하다고 할 수 있습니다. 그렇지만 우리나라는 여전히 자녀 양육에서 학업이나 입시를 최우선 과제로 설정하고 그 외의 것들에는 큰 가치를 두지 않는 모습을 보이기도 합니다. 물론 학업과 입시도 현실적으로 매우 중요한 과제이지만 이것만을 강조해서는 자녀의 기질이나 성격에 따라서는 자녀의 청소년기, 나아가 성인기를 완전히 망쳐버리는 결과로 이어지기도 합니다. 청소년 상담을 하면서 그런 사례들을 많이 보게 됩니다. 특히나 부모가 바쁘거나 노력해서 큰 성공을 거둔 경험이 있는 경우 자녀에게도 오로지 공부나 성취만을 강조하고 통제하면서 자녀가 원하는 것이나 관계에서 겪는 어려움 등을 과소평가하고 열심히 노력하고 참아내면 나중에 행복해질 것이라는 식의 접근을 하기도 합니다.

이전 세대에서는 이런 접근이 실제로 어느 정도 잘 기능을 하는 경우도 있었습니다. 하지만 4차 산업혁명을 이야기하고 개인의 선호와 개성을 중시하는 현재의 풍토에서 이와 같은 접근은 파국을 부르기도 합니다. 실제로 예전에는 부모가 혼내고 체벌을 하기도 하면서 부모의 가치관을 자녀에게 강조하는 경우 부모를 원망하면서도 노력을 해나가기도 하였습니다. 하지만 현재의 청소년들은 그런 상황에서 참지 않고 극단적인 경우에는 부모에게 폭력을 행사하게 되거나 반대로 매우 무기력해져 방에 틀어박혀 학교도 가지 않고 방에서 나오지 않기도 합니다. 심지어는 가출하여 연락이 끊어졌다가 3, 4개월 후에 법원에서 범죄에 연루되었다는 연락을 부모가 받게 되기도 합니다. 이렇게 되면 결국 진로를 탐색하고 진로를 설계하고 준비해나가야 하는 소중한 청소년 시기를 모두 놓쳐버리고 먼 길을 돌아가게 되기도 합니다. 그러므로 부모-자녀 관계와 대인관계, 진로는 모두 연결되어있으며 이 모두에 부모의 양육 태도나 방식이 매우 밀접하게 연관되어있다고 할 수 있습니다.

청소년 상담을 통해 수많은 부모와 청소년들을 만나오면서 어떤 문제나 어려움이 있더라도 부모와의 상담이 잘되어 부모가 자녀 양육에 상담내용을 적용하는 경우 대부분 문제가 잘 해결되고 발전적으로 변화해 나가는 것을 경험하였습니다. 결국, 청소년기에 중요한 것은 부모와의 관계이며 이런 관계는 결국 청소년 자녀와 어떻게 대화하고 의사소통할 것이냐로 연결된다고 봅니다. 하지만 앞서 말한 것처럼 급격한 시대 변화에 적응하지 못하고 여전히 과거의 방식을 고집하는 경우들을 자주 접하면서 아쉬움을 많이 느낍니다. 그러므로 부모-자녀 관계의 통로가 되는 것이 의사소통이고 그래서 대화법이 중요하다고 할 수 있습니다.

그런데 자녀와 대화법, 의사소통 능력이 부모가 부족한 경우들이 있습니다. 그럴 수밖에 없는 요인도 있는데 지금 세대는 급격한 사회변화와 기술의 발전으로 인해 부모세대와는 완전히 다른 세계에 살고 있습니다. 심지어 혹자는 부모와 자녀가 완전 문화가 달라 부모와 자녀가 다문화 환경에 놓여있다고 하기도 합니다. 다문화라는 단어는 보통 다른 문화권, 외국을 지칭하여 쓰는데 부모와 자녀가 경험하는 현실이 이 정도의 차이가 난다는 것입니다. 실제로 상담을 하며 부모와 청소년들을 만나보면 정말 그렇다고 느껴집니다. 그렇기 때문에 부모가 특별히 신경 쓰지 않는다면 대부분의 부모들이 자녀와의 대화에 있어서 어려움과 갈등을 겪기 마련입니다. 이때 무언가 부모가 노력하고 대화하는 방법에 대해 고민하지 않는다면 부모-자녀 관계가 갈등이 심해지고 심하면 파탄이 나기도 합니다. 그러므로 현재의 청소년 부모들에게 있어서 자녀와의 대화와 의사소통은 매우 중요한 요인이라고 할 수 있습니다.

심리상담사로서 계속 청소년과 부모들을 상담해오면서 상담이 잘 진행되는 경우 부모가 자신의 대화방식과 양육 태도를 바꾸고 새롭게 접근할 때 청소년들은 정말 큰 변화와 성장을 이뤄낸다는 것을 경험하였습니다. 그래서 이런 경험들이 반복되면서 좀 더 많은 사람에게 이런 도움을 주고자 이 책을 쓰게 되었습니다. 그래서 이 책에서는 개념적인 부분도 간단하게 다루지만 보다 실용적으로 실제에 적용해 볼 수 있는 대화법을 위주로 내용을 구성하였습니다.

특히 자녀의 미래와 현재 적응에 중요한 요인이 되는 진로와 학습과 관련된 대화를 이끌어 나가고 그러면서 자녀에게 관심과 애정을 표현하고 자녀와의 관계를 향상시킬 수 있는 그런 대화법들을 다루고자 하였습니다. 부모-자녀 간의 일반적인 대화 방법에 관한 내용도 진로를 주제로 부모와 자녀가 상호작용을 하는 과정을 다루면서 자연스럽게 같이 다룰 수 있을 것입니다.

진로와 학습에 더욱 초점을 맞춘 이유는 청소년기가 성인기를 준비해나가는 기간이라고 본다면 결국 미래를 준비하는 진로와 학습이 주된 주제가 되기 때문입니다. 그리고 청소년들 역시 어느 순간이 되면 그것을 겉으로 나타내든 그렇지 않든 간에 대부분 자신의 진로와 미래, 앞으로 할 일들을 진지하게 고민하게 됩니다. 그리고 이것이 가장 큰 고민이 되는 경우가 많습니다. 그런데 우리나라에서는 앞서 말한 것과 같이 그냥 무턱대고 공부를 열심히 해서 좋은 대학 가고 돈 많이 벌고 안정적인 직장에 가고 성공해야 한다는 막연한 논리로 부모세대의 방식을 강요하는 모습을 여전히 보게 됩니다.

4차 산업혁명 시대에 각종 미디어를 통해 다양한 정보와 직업을 마주하는 청소년들은 그런 부모를 보면 대화가 통하지 않는다고 생각하고 관계를 단절해버리거나 그냥 모든 것을 포기해버리고 부모가 자신을 도와주지 않았기 때문이라고 부모를 원망하게 되는 경우도 많이 봅니다. 심하면 가출을 하거나 완전히 엇나가 돌이킬 수 없는 결과로 이어지기도 합니다. 이런 사례들을 보면서 여전히 이런 일이 일어난다는 것이 매우 답답하고 안타까웠습니다. 반면 부모가 자녀의 진로를 잘 지도해주면 정말 자녀에게 맞는 일을 찾고 자녀가 안정적으로 그 길을 걸어가도록 도와줄 수 있습니다. 이런 경우 단순히 공부만 잘하는 것보다도 훨씬 좋은 결과로 이어지는 경우도 많이 발견하게 됩니다. 그 때문에 이 책을 통해 부모의 이러한 역할을 돕는 일을 하고자 합니다.

이 책은 자녀의 발달단계에 따라 진로 및 자녀와의 대화에 있어서 유용할 수 있는 진로, 심리, 상담적 개념 등의 핵심적인 부분을 다루었습니다. 이에 더해 저자가 청소년 및 부모들과의 상담, 교육 등을 통해 경험한 실제에 기반을 두고 가상의 대화 예시를 사례로 구성하여 제시하였습니다. 이를 통해 실질적인 부모-자녀 간의 대화에 도움이 될 수 있도록 하였습니다.

(이 책에서 제시하고 있는 사례들은 모두 정보보호 및 비밀유지를 위해 실제에 기반을 두고 각색하여 재구성한 가상의 사례입니다.)

02

♦ ♦ ♦

부모-자녀 관계는
모든 것의 기반이 된다

우리는 흔히 부모와 자녀의 관계가 중요하다는 말을 많이 하고 듣게 됩니다. 그렇지만 구체적으로 그것이 왜 중요한지 잘 살펴보지 못하기도 합니다. 어쩌면 너무나 당연한 것이 아닌가 하고 생각하고 있을 수도 있습니다.

부모-자녀 관계가 중요한 이유는 성격과 대인관계를 맺는 패턴 등 우리 삶에서 중요한 요소들이 부모-자녀 관계에 기반을 두고 형성되기 때문입니다. 예를 들어 집안에서 무슨 갈등이 있을 때마다 부모가 소리를 지르고 폭력을 행사한다고 생각해 봅시다. 이 아이가 학교에 가서 친구와 갈등이 생겼을 때 어떻게 행동하게 될까요? 처음에는 소리를 지르다가 그다음에는 폭력을 행사하게 될 것입니다. 반대로 집안에 갈등이 있을 때 대화를 통해 중재안을 찾고 서로의 의견을 충분히 표현하고 들어

본 후에 합의하여 해결책을 찾는 과정을 거친다고 생각해 봅시다. 그렇다면 이 집의 아이는 학교에서 친구와 갈등이 있거나 선생님에게 불만이 있는 경우 어떻게 반응하게 될까요? 아마도 대화로 해결하려고 생각할 것이고 화를 내는 경우는 별로 없을 것입니다.

이를 진로에도 적용해서 생각해 볼까요? 부모가 자녀에게 입버릇처럼 너는 공부를 열심히 해서 편하고 안정되고 돈 많이 버는 직업을 가지라고 한다고 합시다. 그런데 문제는 자녀는 이 말을 완전히 이해하지 못한다는 데 있습니다. 공부를 열심히 하는 것과 편하고 안정되고 돈 많이 버는 직업을 얻게 되는 것의 인과관계를 자녀는 잘 모릅니다. 또한, 편하고 안정되고 돈 많이 버는 직업이 어떤 직업인지도 모르고 당연히 그런 직업을 가지기 위해 무엇이 필요한지도 전혀 모릅니다. 그런데 무턱대고 공부를 열심히 하면 좋은 일이 생길 것이니 열심히 하라고 하기도 합니다. 그러면 왜 공부를 해야 하는지도 이해하지 못하게 되고 공부를 잘하지 못하는 경우 미래에 대한 막연한 불안감만 가진 채 혼란스러워할 수 있습니다. 이렇게 글로 보면 좀 우습게 보이고 극단적으로 보이지만 정도의 차이는 있어도 이런 식으로 자녀의 진로를 다루는 부모는 여전히 우리 사회에 비교적 다수를 차지하고 있는 것 같습니다.

청소년들을 만날 때 왜 공부를 열심히 해야 하느냐고 물으면 청소년들이 "부모님이 시켜서요"라고 대답하고 부모가 왜 시키는 것 같냐고 물어보면 "그래야 안정적이고 돈을 많이 벌 수 있으니까요"라고 대답합니다. 그러면 어떤 직업이 안정적이고 돈을 많이 벌 수 있냐고 물어보면 모른다고 하거나 그냥 막연히 공무원이나 대기업 회사원이라고 합니다. 공무원이나 대기업 회사원이 무슨 일을 하는지 아느냐고 물어보면 대부분 모른다고 합니다. "뭐 그냥 컴퓨터 하는 거 아닌가요?"라고 대답을 하기도 합니다. 이런 것을 보면 여전히 가정 내에서 자녀에게 진로에 대한 교육이나 방향 제시는 잘 이뤄지지 못하고 있는 것 같습니다.

앞으로 이 책에서 더 다루겠지만 사실은 부모는 자녀가 무엇을 원하는지부터 알아보려는 자세를 가져야 합니다. 부모가 이미 돈을 많이 벌고 안정적이고 편한 직업을 가져야 한다는 전제를 가지고 접근하는 것은 효과적이지 않을 가능성이 큽니다. 그리고 사실 엄밀히 말하면 절대적인 기준으로 보면 세상에 편하고 돈 많이 벌고 안정적인 직업이란 없습니다. 이건 상대적인 것으로 사실은 현실적이지 않고 약간 환상이 섞인 이야기입니다. 공무원을 예로 들면 안정적이긴 하지만 비교적 공무원보다 돈을 많이 버는 직업이 많고 편하다고 하기도 어렵습니다. 많은 공무원이 지속적인 야근과 강한 업무 강도 하에서 일하고 있기 때문입니다. 대기업 사원의 경우는 월급은 비교적 많을지 몰라도 강한 업무 강도와 치열한 생존경쟁을 해야 하기 때문에 편하거나 안정적이라고 하기는 어렵습니다.

때문에 부모가 자녀를 대하는 태도에서 특히 진로에서는 자녀가 무엇을 원하는지를 탐색하도록 도와주는 것이 중요합니다. 그래서 부모가 아닌 자녀가 원하는 방향으로 진로를 수립하고 노력해 나갈 수 있도록 돕는 것이 필요합니다. 이런 것이 결국 부모가 자녀를 존중하는 모습을 보여주는 것이고 이를 통해 자녀는 자신이 존중받을 만한 존재이고 스스로 원하는 것을 선택하고 이뤄나갈 수 있는 사람이라는 자기개념을 형성해나갈 수 있도록 도울 수 있습니다. 이 부분은 자녀 양육의 차원에서도 상당히 중요한 부분이라고 할 수 있습니다.

한동안 자존감이라는 단어가 유행하면서 자존감이 낮다, 높다 하는 이야기를 많이 하였습니다. 타인의 평가가 아닌 스스로 자신을 존중하고 가치 있게 여기는 것을 자존감이라고 할 수 있는데 이런 자존감은 앞서 말한 것과 같이 부모가 자녀를 존중하는 양육 태도를 보일 때 형성되는 면이 크다고 할 수 있습니다. 이런 부분만 봐도 부모-자녀 관계가 얼마나 중요한지 쉽게 이해할 수 있습니다.

다시 진로로 돌아와서 이야기하면 진로에 있어서 이처럼 부모-자녀 관계에 기반을 둔 자신감과 자존감이 필요합니다. 현재 진로의 세계는 계속해서 변화해나가고 있습니다. 4차 산업혁명을 이야기하는 시대에서 예전처럼 진로를 한번 정하면 끝인 시대는 저물어가고 있습니다. 그리고 큰 틀에서는 하나의 진로를 걸어가면서도 계속해서 새로운 도전과 변화를 해야 하는 경우가 점점 많아지고 있습니다. 그 때문에 진로에서도 유연성과 자신감이 더욱 필요해지고 있습니다. 이런 것을 갖춘 아이로 키우기 위해서는 부모가 자녀의 진로와 부모-자녀 관계에 관심을 가져야 할 필요가 있습니다.

이런 과정을 해나가는 것이 결국 대화를 통해 이뤄지는 것입니다. 부모가 그냥 편하게 대화를 해도 자녀에게 잘 전달된다면 좋겠지만 그렇지 않은 경우가 많습니다. 이는 청소년기 자녀의 특성과 부모와 자녀의 세대 차이 등 여러 요인 때문입니다. 그러므로 부모가 부모-자녀 간의 효과적인 대화를 위한 노력을 하고 효과적인 대화법을 익히기 위한 노력이 필요하다고 생각합니다. 부모-자녀 관계에 있어서 부모가 자녀를 위해 노력하다 보면 자녀도 그런 부모의 마음을 알고 이에 화답하게 되어있습니다. 그러므로 조금은 이해가 되지 않고 힘들더라도 자녀를 위한 노력이 자녀의 미래와 진로에 도움이 된다고 생각하고 필요한 노력을 부모가 해나갈 수 있었으면 좋겠습니다.

부모-자녀 관계에서 부모는 자녀의 길잡이이자 후원자가 되어줘야 합니다. 현재 한국의 현실을 생각한다면 진로와 진학에 있어서 학생이 혼자서 잘 탐색을 해나가기란 현실적으로 거의 불가능합니다. 그러므로 부모가 자녀의 뜻을 존중해주면서도 길잡이 역할을 해줘야 하고 또 필요한 부분에서 지원을 해주는 후원자가 되어줘야 합니다. 더불어 부모는 자녀의 진로를 상담해주는 최고의 진로상담사가 되어 줄 수 있습니다. 앞으로 이에 대해 하나하나 살펴보겠습니다.

03

◆◆◆

부모는 자녀의
길잡이가 되어 주어야 한다

자녀의 진로에 있어서 부모는 길잡이 역할을 해주는 것이 중요합니다. 여기서 중요한 것은 부모가 길잡이가 되어야 하지 아이를 업어서 자신이 원하는 곳에 데려다주는 것이 아니라는 점입니다. 길잡이 역할을 한다는 것은 어디로 갈 것인지는 길을 안내받는 사람 즉, 자녀가 결정한다는 것입니다. 그 길을 가는 것을 도와주는 역할을 하는 것이 부모의 역할이라는 의미입니다. 물론 아직 어린 시기에는 자녀가 다양한 경험을 하고 무엇을 원하는지 알게끔 도와주는 것 역시 부모의 역할입니다. 이후 아이가 어느 정도 자신의 진로에 관한 생각이 생기고 나서는 자녀가 그 진로를 잘 준비하고 걸어갈 수 있도록 돕는 것이 부모의 역할이지 자녀의 진로를 대신 결정해주는 것이 부모의 역할은 아니라고 할 수 있습니다.

하지만 우리나라에서는 부모가 자녀의 진로나 직업을 어느 정도 정해주는 문화가 있었습니다. 얼마 전까지도 이런 영향이 상당했지만, 이제는 정말 세상이 달라졌다고 할 수 있습니다. 자녀들이 부모가 정해주는 직업을 하려고 하지도 않을 뿐만 아니라 자녀가 사는 세상과 부모가 사는 세상이 너무나도 달라 자녀가 원하는 직업에 대해 부모가 전혀 이해하지 못하거나 지식을 가지고 있지 않을 가능성도 큽니다. 예를 들어 유튜버나 프로그래머, 프로게이머와 같은 직업에 대해 부모는 전혀 지식이 없고 오히려 아이들이 훨씬 더 잘 알고 있을 가능성이 있습니다.

농경사회에서는 나이가 많은 사람이 농경에 대해 경험이 더 많아 경험이 부족한 젊은 사람에게 조언해줄 수 있었습니다. 얼마 전까지 우리나라에서도 대부분 회사원이나 비슷한 역할을 하는 일을 많이 하였습니다. 그리고 이런 직업 혹은 사회생활의 맥락에 있어서 부모가 어느 정도 전체적인 이해를 하고 있었습니다. 하지만 이제는 부모가 어쩌면 특정한 직업에서는 자녀보다 이해도가 훨씬 낮을 수도 있습니다. 이런 경우 부모가 자신의 주장만을 고집한다면 자녀는 오히려 부모가 아무것도 모르고 대화가 통하지 않는 사람이라고 여기고 상대하지 않으려고 할지도 모릅니다. 실제로 청소년과 부모 상담을 통해서 이런 사례들을 꽤 발견하게 됩니다.

다시 주제로 돌아와서 부모는 자녀의 길잡이 역할을 해주어야 한다고 하였습니다. 부모 역시도 부모 자신의 직업을 제외하고는 사실 많은 정보를 가지고 있지 못할 가능성이 큽니다. 하지만 직업을 가지는 데 필요한 과정이나 조건 등은 자녀보다 더 잘 알 수 있습니다. 사회경험이 더 있기 때문이지요. 예컨대 중학생 아이가 유튜버가 되고 싶다고 한다면 일단 정말 유튜버가 되게 될지 어떨지는 모르겠지만 어쨌든 경험을 해보게 해줄 수 있습니다.

이 과정에서 부모가 잘 모르는 영역이라고 해도 길잡이 역할을 해줄 수 있습니다. 예를 들면 유튜브에 가입하고 카메라와 마이크를 설치하고 혹은 스마트폰을 활용하여 실제로 영상을 찍어보는 과정을 함께해볼 수 있습니다. 대부분은 유튜버가 되겠다고 말만 하지 이런 실행으로 옮기는 데까지 가지 못합니다. 그러다 보면 그냥 개념적인 수준에서 부모는 유튜버 같은 직업은 불안정해서 안 된다고 하고 자녀는 부모가 반대하니까 부모는 아무것도 모르고 반대만 한다고 여기면서 서로 갈등만 지속되고 아까운 시간을 계속 허비하는 경우가 많습니다.

하지만 부모가 도와줘서 실제로 영상을 찍고 나아가 방송을 해본다면 자기 생각과 다르게 여러 어려운 점이나 자신과 맞지 않는 부분을 발견하고 다른 진로를 탐색해보거나 아니면 방송이 잘 맞아 어린 나이부터 어느 정도 진로와 관련된 경험을 쌓는 기회가 될 수도 있습니다. 그러므로 부모는 자녀가 진로와 관련된 행동을 실천해보고 시도해볼 수 있도록 도와주는 길잡이 역할을 해야 합니다.

앞으로 더 이야기하겠지만 우리나라 입시의 수시 제도나 대학입학을 준비하는 데도 부모의 역할은 역시나 옆에서 도와주는 길잡이 역할이라고 할 수 있습니다. 이런 부분 없이 자녀에게만 맡겨두면 자녀는 제대로 하지 못하고 혼란스럽고 계속해서 자신감이 줄어들어 결국 어떤 시도도 하지 못하고 시간을 보내는 악순환을 겪을 수 있습니다.

그러므로 부모는 자녀와의 관계에 있어서 그리고 특히 진로에서는 자녀가 관심을 가지는 진로에 대해서 실제로 시도해보고 배워보고 잘 맞지 않으면 계획을 수정하고 하는 과정에 있어서 길잡이 역할을 해주는 것이 중요하다고 할 수 있습니다. 이런 길잡이가 있느냐 없느냐는 자녀가 자신의 진로를 탐색하고 이뤄나가는 데 엄청난 차이를 만들어 내게 됩니다.

다만 중요한 것은 다시 한번 강조하지만, 길잡이의 역할은 자녀가 관심을 가지거나 원하는 진로를 갈 수 있도록 도와주는 것이지 자칫 잘못해서 자녀에게 부모의 흥미나 부모의 목표를 주입해서는 안 된다는 것입니다. 그렇게 하면 자녀는 자신이 원하지 않는 방향이기 때문에 이를 거부하거나 잘못하면 부모-자녀 관계까지도 손상을 입을 수 있습니다. 또는 순간적으로는 부모가 원하는 진로를 받아들이는 것처럼 보여도 대학에 가서 학교를 갑자기 자퇴하거나, 어렵게 들어간 직장을 그만두고 그제야 자신이 원하는 것을 찾아보겠다고 하게 됩니다. 그렇게 되면 큰 시행착오를 겪는 셈이고 많은 시간과 비용을 허비하게 되는 결과가 되기 때문에 이는 정말 주의해야 할 부분이라고 할 수 있습니다.

04

♦♦♦

자녀의 나이와 발달단계에 따라
중점을 둘 부분을 알아야 한다

자녀의 진로 및 학습에 대해 부모가 적절한 접근을 하기 위해서는 자녀의 나이와 발달단계에 따라 중점을 둘 부분을 아는 것이 중요합니다. 왜냐하면, 발달단계에 따라 진로에서도 초점을 맞춰야 하는 부분이 달라지기 때문입니다.

이에 대한 이해를 위해 진로 분야의 대표적인 학자인 Super의 이론을 중심으로 나이에 따른 진로발달을 간략히 살펴보고자 합니다.

(Super의 이론에 대한 아래의 내용은 Sharf 저, 김진숙 외 역, 《진로상담: 아동기부터 성인기까지 진로발달 이론의 적용》7판의 내용을 인용 및 참고함.)

Super는 만 7세부터 흥미를 선택의 기준으로 삼기 시작한다고 보았습니다. 즉, 우리나라의 기준으로 보면 초등학교 시기라고 할 수 있는데 또한 이 시기에는 진로선택에 있어서 부모의 직업과 관련된 방식으로 흥미를 보이는 경우가 많다고 할 수 있습니다. 그러므로 이 시기에 부모가 자녀에게 자신의 직업을 중심으로 직업에 대한 흥미를 느낄 수 있도록 해주는 것이 필요하다고 할 수 있습니다. 또한, 흥미를 느끼는 부분들에 대해 적극적인 탐색의 기회를 제공하고 도와주는 것이 중요한 과제가 된다고 할 수 있습니다.

이어서 만 11세에서 14세에 걸쳐서는 자신의 능력에 관한 평가를 할 수 있게 된다고 보았습니다. 즉, 대략 초등학교 고학년부터 중학교 시기라고 할 수 있습니다. 이때부터는 좀 더 현실적인 판단이 가능해지고 자신이 원하는 것과 그것이 실제로 자신의 능력으로 가능할지를 생각해 볼 수 있게 됩니다. 그러므로 이때부터는 어떤 진로목표를 달성하기 위해 어떤 능력이 필요하고 그것을 위해 무엇을 준비해야 할지 등의 이야기를 시작해볼 수 있습니다.

만 15세에서 16세에는 가치가 발달하기 시작합니다. 이 나이의 청소년들은 이제 진로 결정에 있어서 목표와 가치를 생각할 수 있게 됩니다. 예를 들면 사회에 기여하는 가치가 더 중요한지 사회적으로 높은 위치에 올라가는 것이 더 중요한지와 같이 자신이 중요시하는 가치를 생각해 볼 수 있게 됩니다. 그 때문에 이 시기에는 부모가 이런 가치와 관련된 부분을 함께 다뤄줄 수 있다면 자녀의 진로발달을 다방면으로 촉진할 수 있을 것입니다.

만 17세에서 18세 즉, 고등학교를 마치는 시기쯤까지는 결정화 단계로 어느 정도 진로에 있어서 잠정적인 결정을 하게 되는 시기라고 할 수 있습니다. 특히나 우리나라의 경우는 예전보다는 줄어들었지만, 여전히 입시가 중요한 과제가 되기 때문에 자연스럽게 대학에 진학할지 진학하지 않을지, 그리고 대학에 진학한다면 어떤 학과, 어떤 학교에 진학하게 될지 등을 중심으로 결정화가 이뤄진다고 할 수 있습니다.

이와 같이 자녀의 나이와 발달단계에 맞는 접근을 하는 것은 중요합니다. 예를 들면 아직 만 7세~10세인 아이에게 능력에 관한 이야기나 현실적인 부분에 관한 이야기부터 시작한다면 이는 적절한 접근이 되지 못하고 아이에게 무리한 요구를 하는 셈이 되어 자녀의 좌절과 자신감 저하로 이어질 수 있습니다.

Super의 이론은 비교적 고전적인 이론이며 우리나라의 현실과는 다른 부분도 있지만 큰 틀에서 진로발달을 이해하는 데 유용하여 간략하게 소개하였습니다. 이에 따라 이 책에서도 앞으로 크게 초등학교 시기, 중학교 시기, 고등학교 시기에 따른 진로에서 고려하고 중요하게 다뤄야 할 부분들을 사례와 함께 제시하고자 합니다. 사례에 따라 더욱 구체적인 부분을 다뤄 실질적인 도움을 드리고자 합니다.

또한, 발달수준은 개인에 따른 차이가 있을 수 있습니다. 그러므로 여기서 제시된 기준들은 대략적인 기준으로 생각하시면 될 것입니다. 또한, 계속 강조하는 것과 같이 이와 같은 진로발달에 있어서 부모의 역할은 매우 중요합니다. 부모의 역할에 따라서도 같은 나이의 청소년이 진로발달수준이 확연하게 달라질 수 있습니다.

특히나 우리나라의 경우는 진로발달이 이론적인 발달단계보다 늦어지는 경우가 많은데 이는 아직 우리나라에서 진로에 관해 관심을 많이 가져주지 못하는 부분이 있기 때문입니다. 특히 진로발달단계는 부모가 얼마나 신경을 쓰고 관심을 가지느냐에 따라 아이마다 천차만별로 달라집니다. 그러므로 자녀의 진로에 있어서 부모의 역할은 정말 중요하다는 점을 다시 이야기할 수 있습니다.

우리나라는 아주 어릴 때부터 예체능으로 진로를 잡는 경우나 특목고, 특성화고로 진학하는 경우, 일반계(인문계) 고등학교로 진학하는 경우, 전문대학에 진학하는 경우, 4년제 대학교에 진학하는 경우, 고등학교 졸업 후 취업을 하게 되는 경우 등 다양한 진로 방향이 있을 수 있고 이에 따라 진로설계를 미리 잘 준비하는 것이 중요하다고 할 수 있습니다. 이런 부분들을 앞으로 구체적으로 각 장에서 사례들을 통해서 살펴보고자 합니다.

2

Chapter

"내일(My Work / Tomorrow)을 만드는
진로탐색 및 진로구성 6단계"와
"좋은 관계를 위한 부모-자녀
존중(R.E.S.P.E.C.T.) 대화법"

01

◆ ◆ ◆

내일(My Work / Tomorrow)을 만드는
진로탐색 및 진로구성 6단계

먼저 진로와 관련하여 저자가 구성한 내일을 만드는 심리상담연구소의 "내일(My Work / Tomorrow)을 만드는 진로탐색 및 진로구성 6단계 프로그램"을 소개하고자 합니다. 진로 관련 강의와 프로그램 그리고 진로상담을 계속해오면서 이에 대한 좀 더 체계적인 틀이 필요하다고 생각하여 이를 6단계로 구성한 것입니다. 이는 제가 진행하는 진로 관련 강의 활동과 상담에서 계속해서 활용해오고 있습니다.

내일(My Work / Tomorrow)을 만드는 진로탐색 및 진로구성 6단계 프로그램은 특성요인 이론, Super의 진로발달 이론, Holland의 유형 이론, Savickas의 진로구성 이론, Krumboltz의 사회학습 이론 등 진로와 관련된 이론들과 저의 진로상담 및 진로 관련 강의, 집단 프로그램 등의 활동에서의 경험에 기반을 두고 구성되었습니다.

내일(My work / Tomorrow)을 만드는 진로탐색 및 진로구성 6단계 프로그램은 6개의 순환적인 단계로 이뤄지고 이 6단계에 해당하는 요소들이 상호작용하며 서로 영향을 미치게 됩니다. 또한, 발달단계와 나이에 따라 중요한 과업들을 나타내고 있습니다. 물론 나이는 참고적인 것으로 절대적인 것은 아닙니다. 또한, 개인에 따라 해당 나이가 되었어도 진로발달 수준이 더 빠르거나 늦을 수 있습니다.

구체적인 6단계는 아래 그림과 같습니다.

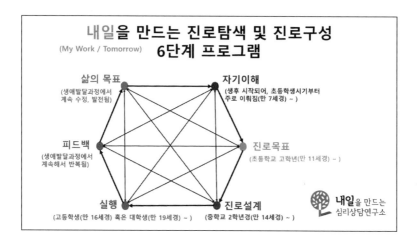

6단계는 1단계인 삶의 목표에서 6단계인 피드백까지 순차적으로 영향을 미치며 피드백을 통해 다시 삶의 목표로 이어지게 됩니다. 또한, 각 요인은 상호작용을 통해 서로 영향을 미치게 됩니다. 각 단계와 각 단계에서 할 수 있는 활동의 예시는 다음과 같습니다.

- 1단계: 삶의 목표 수립 (생애발달과정에서 계속 수정, 발전됨)

삶의 목표는 삶에서의 목표로 삼는 것으로 가장 상위의 목표가 됩니다. 이를 수립하는 것은 우리의 전 생애발달 과정에서 이뤄지게 되며 삶의 과정에서 계속해서 수정, 보완, 변화된다고 할 수 있습니다. 이와 같은 삶의 목표에 기반을 두어 자기 이해 및 진로목표를 세우는 것으로 이어진다고 할 수 있습니다.

(관련 활동: 삶의 목표 세우기, 가치관 탐색 등)

- 2단계: 자기이해 (생후 시작되어, 초등학생 시기부터
         주로 이뤄짐(만 7세경)～)

자기이해는 1단계인 삶의 목표에 대한 이해 및 수립을 기반으로 자신에 관한 이해를 하는 것입니다. 여기에는 일, 진로와 관련된 흥미, 가치관, 적성, 능력, 동기 등의 다양한 요인들이 포함됩니다.

(관련 활동: 진로 관련 심리검사, 적성검사, 지능검사 등 심리검사 활용 가능, 직업 가치관 경매 활동 등)

- 3단계: 진로목표 수립 (초등학교 고학년(만 11세경)～)

진로목표 수립은 1단계와 2단계에 이어서 삶의 목표와 자기이해에 기반을 두고 진로에서의 구체적인 목표를 수립하는 것입니다. 진로목표는 진로에서 방향성을 제공해주는 큰 틀에서의 목표라고 할 수 있습니다. 진로목표는 최대한 구체적일수록 좋지만, 처음부터 매우 구체적이기는

어렵습니다. 지속적인 탐색을 통해서 이를 더 구체화시켜 나가는 것이
필요하다고 할 수 있습니다.
(관련 활동: 진로목표 세우기, 삶의 목표 vs 진로목표, 생애진로 무지개
작성, 비전 카드 작성, 미래의 명함 만들기 등)

– 4단계: 진로설계 (중학교 2학년경(만 14세경)〜)

진로설계 단계는 진로목표를 좀 더 구체화하고 다방면에서 살펴보고
구체적인 전략과 행동계획을 수립하는 것입니다. 진로설계 단계에서는
일에 대한 3가지 관점인 Job, Career, Calling의 관점에서 진로를 설계해
보고 이에 따른 구체적인 Action Plan을 세워보는 등의 활동을 할 수 있
습니다.
(관련 활동: 일에 대한 3가지 관점에 따른 진로설계, 진로 로드맵 작성,
이상적인 하루 등)

– 5단계: 실행 (고등학생(만 16세경) 혹은 대학생(만 19세경)〜)

실행 단계에서는 앞서 설정한 진로목표와 진로설계에 따라 실제로 진
로준비행동을 수행하는 것입니다. 실행에서 중요한 것은 아주 구체적인
진로준비행동을 실행하는 것입니다. 진로와 관련하여 시작과 끝이 있는
분명한 행동을 실제로 실행에 옮겨 보는 것입니다. 계획에 머무르는 것
이 아니라 계획에 따라 무엇이라도 실행에 옮겨 보는 것이 중요하다고

할 수 있습니다. 예를 들면 관심 있는 직업에 종사하고 있는 사람을 인터뷰하거나 관련된 기술을 배워보는 등의 활동을 해볼 수 있는 단계입니다.

(관련 활동: Action Plan 작성, 진로준비 행동에서의 우선순위 정하기, 관련 분야의 종사자 및 선배 인터뷰하기, 행동을 위한 시간 계획 수립, 구체적인 직업 및 진로 정보탐색, 이력서 작성 등)

- 6단계: 피드백 (생애발달과정에서 계속해서 반복됨)

피드백 단계는 실행에 따라 발생하는 결과에 대한 피드백을 다시 다른 요인들에 반영하게 되는 과정입니다. 실행 결과 성과를 얻었다면 그 다음 행동으로 옮겨갈 수도 있고 시행착오를 경험했다면 이에 따라 다른 요인들을 수정하는 과정을 진행할 수 있습니다. 피드백은 큰 맥락에서 보면 다시금 삶의 목표에도 영향을 미치게 될 수 있습니다. 그래서 앞서 말한 6단계가 계속해서 유기적으로 상호작용하면서 우리의 진로를 구성해나가게 되는 과정을 거치게 됩니다.

(관련 활동: 실행에 따른 결과 평가하기, 피드백 결과 반영하기 등)

이상이 간략한 내일(My Work / Tomorrow)을 만드는 진로탐색 및 진로구성 6단계 프로그램에 대한 소개입니다. 이를 참고하여 지금 자녀가 어떤 진로발달 단계에 있으며 어떤 것부터 실제로 해볼 수 있을지 참고

하실 수 있으리라고 생각합니다.

　이와 관련하여 좀 더 구체적인 것들이 궁금하거나 문의가 있으신 분은 내일을 만드는 심리상담연구소 블로그(https://blog.naver.com/inchan3)를 참고하거나 이메일(inchan3@naver.com) 등을 통해 저자에게 연락을 주시면 도움을 드릴 수 있을 것입니다.

　저는 내일(My Work / Tomorrow)을 만드는 진로탐색 및 진로구성 6단계 프로그램을 통해 진로와 관련된 교육 및 강의, 프로그램 진행 등을 하고 있으며 이런 강의 및 교육에서는 더욱 구체적이고 대상에 맞게 좀 더 초점을 맞춰 자세하게 해당 내용을 다루게 됩니다. 하지만 이 책에서는 자녀의 진로에 대한 전반적인 개념과 앞으로의 내용에 대한 이해를 돕기 위해 비교적 간략하게 내용을 제시하였습니다.

02

♦ ♦ ♦

좋은 관계를 위한
부모-자녀 존중(R.E.S.P.E.C.T.) 대화법

앞서 진로에 대한 "내일(My Work / Tomorrow)을 만드는 진로탐색 및 진로구성 6단계"를 살펴보았는데요. 이어서 부모-자녀 간의 효과적인 대화법에 관해 이야기해 보고자 합니다. 진로에 대한 것도 결국 부모와 자녀 간의 대화를 통해 이뤄지는 것이기 때문에 어떻게 하면 청소년기 자녀와 잘 대화를 할 수 있을지를 아는 것은 매우 중요하다고 할 수 있습니다. 대화법이 적절하지 않다면 아무리 좋은 정보나 기회를 부모가 가지고 있다고 하여도 자녀에게 제대로 전달하기 어렵기 때문입니다.

먼저 "좋은 관계를 위한 부모-자녀 존중(R.E.S.P.E.C.T) 대화법"은 칼 로저스(Carl Rogers)의 "무조건적 긍정적 존중" 개념을 중심으로 좋은 관계를 위한 부모-자녀 간 대화법을 7가지 요소로 구성한 것입니다. 칼 로저스는 상담을 공부하는 사람이면 모두 아는 저명한 심리학자이자 심리상담사(Counselor)이며 칼 로저스의 이론에 반해 상담을 시작하는 사람들도 많습니다.

칼 로저스는 인본주의적 기반을 가지는 심리치료인 인간 중심 치료(Person-Centered Therapy)를 창안하였으며 "무조건적 긍정적 존중"을 상담자가 제공해야 할 중요한 핵심적인 조건 중 하나로 강조하였습니다. 무조건적 긍정적 존중은 한 인간으로서 진정으로 깊이 있게 관심을 가지는 것이며 상대방의 감정, 사고, 행동이 좋거나 나쁘다는 평가나 판단의 영향을 받지 않는 존중과 관심을 의미합니다.

부모-자녀 관계에서도 이와 같은 태도가 중요하게 작용합니다. 특히나 지금의 청년, 청소년 세대는 어느 때보다도 개성과 자율성과 같은 요소를 중요시하며 이를 존중해주지 않는 상대와는 잘 관계를 맺지 않으려 합니다. 이는 부모-자녀 관계에서도 마찬가지로 적용되고 있는 상황입니다. 그러므로 부모가 자녀를 존중하는 자세로 대하는 것이 기본적으로 대화에 있어서 가장 기반이 된다고 할 수 있습니다.

물론 때에 따라 엄한 훈육을 하는 것도 필요하지만 이와 함께 존중하는 태도를 항상 취하고 있는 것이 중요하다고 하겠습니다. 그렇지 않고 부모의 주장만을 고집하거나 무조건 부모의 말을 따르라는 식으로 자녀를 대한다면 특히 현재 청소년들의 경우 부모에게도 마음의 문을 닫아버리고 관계가 단절되거나 망가지는 경우들이 발생하곤 합니다.

이는 학교폭력, 비행, 범죄 등의 여러 문제로 이어지기도 합니다. 그러므로 기본적으로 자녀와의 대화에 있어서 자녀를 존중하는 태도가 중요하다고 할 수 있겠습니다. 그리고 이런 대화를 통해 자녀 역시도 부모를 존중하고 따르도록 이끌어 줄 수 있을 것입니다. 그래서 부모-자녀 간의 상호존중을 하는 대화가 가능해지는 것이 가장 이상적이라고 할 수 있습니다.

하지만 문화상 우리는 부모가 자녀를 존중하는 것에 그렇게 익숙하지 않습니다. 요즘은 많이 변화되고 있긴 하지만 자녀를 부모에게 예속된 존재로 여기거나 부모의 말을 자녀가 무조건 따라야 한다고 여기는 부모도 여전히 꽤 존재합니다. 그리고 또 그렇게 극단적으로 행동하지는 않더라도 자녀가 부모의 말을 따르는 것이 옳다고 여기는 태도를 보이기도 합니다.

물론 기본적으로는 부모가 자녀의 보호자이기 때문에 자녀가 부모의 말을 따르는 것이 좋은 경우가 많습니다. 하지만 이 과정이 중요합니다. 자녀에게 잘 설명하여 자녀도 동의하는 상황에서 부모의 말을 따르는 것과 자녀의 의견을 들어보지도 않고 부모가 시키는 대로 하라고 하는 것은 큰 차이가 있습니다.

또한, 때에 따라서는 부모의 의견이 더 합리적이더라도 자녀를 억지로 설득하거나 행동을 강요하는 것이 아니라 자녀가 자기 뜻대로 해보고 실패경험을 하고 이를 통해 배울 수 있도록 두는 것이 부모의 역할이 되는 경우도 있습니다. 물론 이런 경우는 자녀가 시행착오나 실패경험을 통해 너무 큰 피해를 보지 않는 경우를 이야기하는 것입니다.

본격적으로 저자가 구성한 내일을 만드는 심리상담연구소의 "좋은 관계를 위한 부모-자녀 존중(R.E.S.P.E.C.T.) 대화법"의 7가지 요소를 소개해 보자면 아래 그림과 같습니다.

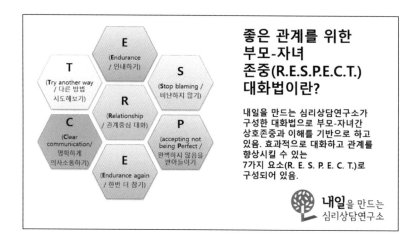

앞서 말한 것과 같이 부모-자녀 간의 대화에 있어서 상호존중이 가장 중요하다고 보고 대화법의 명칭을 "좋은 관계를 위한 존중(R.E.S.P.E.C.T.) 대화법"으로 하였고 존중을 통한 관계(Relationship)를 중심으로 하여 7가지 요소들로 구성하였습니다.

우리나라는 문화상 부모가 권위를 가지고 자녀를 이끌어가는 경향이 있었습니다. 하지만 이런 경향이 서양문화의 유입과 매체의 발달, 시대의 변화 등으로 인해 많이 변화되고 있습니다. 여전히 부모가 적절한 권위를 가지고 자녀를 지도해야 하는 것은 맞지만 예전처럼 무조건적인 권위를 가지기는 어렵고 그런 권위적이기만 한 무조건적인 권위를 행사하려 한다면 이는 시대와 맞지 않는다고 할 수 있습니다.

왜냐하면, 예전처럼 지금의 자녀 세대는 부모의 말을 무조건 권위 있게 받아들이거나 따르지 않기 때문입니다. 특히나 매체의 발달과 세대 간의 문화 차이로 인해 부모의 말이 시대에 맞지 않는다고 여기기 일쑤입니다. 그러므로 부모가 자녀의 의견에 대해 존중하는 태도를 가지고 서로 대화를 나누는 것이 무엇보다도 중요해졌다고 생각합니다. 그렇지 않으면 그냥 자녀가 부모와의 대화를 포기하고 관계를 단절해버리는 경우가 많기 때문입니다.

결국, 부모가 자녀를 잘 양육할 책임이 있기 때문에 자녀를 잘 양육하기 위해서는 첫 번째로 존중에 기반을 둔 대화가 필요하다고 생각합니다. 그렇지 않으면 아예 대화 자체가 되지 않기 때문입니다. 그리고 관계라는 것은 결국 대화라는 매개체를 주로 사용하기 때문에 대화가 되지 않으면 관계 역시도 잘 유지될 수 없습니다.

부모가 느끼기에 자녀의 말이 철없어 보이거나 자신의 상식과 다르더라도 일단 잘 듣고 이후에 같이 서로 토론하거나 조율하는 방식의 대화법이 필요한 시대라고 할 수 있습니다. 부모가 그런 태도를 보일 때 자녀도 부모의 말에 귀 기울이고 자신이 생각하기에도 부모의 말이 옳다고 여겨질 때 부모의 말을 따르게 됩니다. 예전처럼 부모의 말을 무조건 따르는 시대는 이제 지나가고 있다고 생각합니다. 그러므로 존중을 가장 중요한 요인으로 부모-자녀 존중(R.E.S.P.E.C.T.) 대화법을 구성하였습니다.

7가지 요소를 간단히 소개하면 다음과 같습니다.

R: 관계중심 대화(Relationship)

앞서 제시한 그림에서 보면 관계를 가장 중심에 두었는데요. 이는 관계가 모든 대화에 있어서 중심이며 기반이 되기 때문입니다. 관계와 대화는 서로 상호작용하는 면이 있습니다. 관계가 잘 맺어져 있으면 대화도 잘됩니다. 또한, 적절한 대화를 통해서 관계를 잘 맺을 수 있습니다. 관계중심 대화라는 것은 항상 관계를 염두에 두고 대화를 하라는 의미입니다.

논리적으로 맞는 말만 하거나 상대방의 기분을 고려하지 않는 말을 하는 것이 아니라 이 말이 관계에 어떤 영향을 미칠지 계속 신경을 쓰면서 대화를 하는 것이 중요하다는 의미입니다. 특히 부모-자녀 관계에서 부모는 자녀가 잘 되길 바라는 마음에 흔히 말하는 잔소리나 옳은 행동을 강요하는 그런 말을 하기 쉽습니다. 이런 부분에 대한 주의가 필요하다고 할 수 있습니다. 그 때문에 "관계중심 대화"는 첫 번째 요소로 가장 중요한 요소가 된다고 할 수 있습니다.

또한, 자녀의 나이가 어릴수록 부모-자녀 간의 관계는 자녀의 자존감, 자기효능감, 사회성, 대인관계 능력 등 많은 부분의 발달에 큰 영향을 미치게 됩니다. 따라서 부모-자녀 간의 좋은 대화법은 자녀의 자존감, 자기효능감, 사회성, 대인관계 능력 등을 향상시키는 효과도 같이 있다고 할 수 있습니다. 그러므로 청소년기 자녀의 부모는 이런 부분을 항상 염두에 두고 자녀와 대화하는 것이 필요합니다.

E: 인내하기(Endurance)

관계에 이어서 정말 강조하고 싶은 것 중 하나가 인내하는 것입니다. 많은 교육이나 강의에서 좋은 방법들에 대해 우리가 배우게 됩니다. 하지만 이를 실천하는 것은 머리로 아는 것보다 훨씬 어렵습니다. 인간이기 때문에 감정이 있고 상대방에게 감정적으로 대하게 되기도 합니다. 부정적인 감정을 상대에게 표출하기도 하죠. 하지만 부모-자녀 관계에 있어서만큼은 최대한 그러지 않기 위해 노력해야 한다고 생각합니다. 특히 부모는 자녀에게 부정적인 감정(화, 분노, 짜증 등)을 표출하지 않도록 노력해야 합니다.

왜냐하면, 자녀가 어릴수록 부모의 부정적 감정 표출에 큰 부정적 영향(자존감 저하 등)을 받기 때문입니다. 그리고 이런 영향이 쉽게 변화되기 어렵게 굳어지게 됩니다. 그러므로 특히 부모의 경우 자녀에게 최대한 부정적인 감정을 표출하지 않고 인내하는 것이 필요합니다. 물론 부모도 사람이기 때문에 100% 모든 감정을 참아낼 수는 없을 것입니다. 그렇지만 최대한 인내하려는 자세를 가진다면 그런 생각을 가지지 않은 것보다 훨씬 자녀에게 긍정적인 영향을 미칠 수 있을 것입니다.

또한, 부모 역시 부정적인 감정을 참기만 할 수는 없는 노릇이기 때문에 부모가 경험하는 부정적인 감정은 자녀가 아닌 다른 대상(배우자, 부모, 친구 등)과의 관계나 취미 활동 등을 통해 적절히 해소하는 것이 필요합니다. 이런 노력을 해야 한다는 의미에서 2번째 요소는 "인내하기"가 됩니다.

S: 비난하지 않기(Stop blaming)

다음은 비난하지 않기입니다. 부모-자녀 관계에서 비난하는 것은 종종 일어나기도 하는 일이지만 관계에 도움이 되지 않는 것은 자명합니다. 그렇지만 앞서 말한 것처럼 우리가 감정을 가진 인간이기 때문에 부정적인 감정이 비난의 형태로 표출되기도 합니다.

이와 같은 비난을 최대한 하지 않도록 노력하는 것이 필요합니다. 비난이 왜 도움이 되지 않는지 예를 들어보면 쉽게 이해할 수 있습니다. "성적이 너무 낮게 나와서 걱정이 된다. ○○이가 원하는 대학을 가기 위해서는 성적을 올릴 필요가 있을 것 같은데, 성적을 올리기 위해 무엇을 해볼 수 있을까?"와 "너는 그렇게 해서 뭐 먹고 살래!!"는 의도는 같을지 몰라도 자녀에게 전혀 다른 영향을 미치게 됩니다.

후자의 경우 훨씬 감정적인 해소가 되면서 속 시원할지 모르지만 그야말로 상대에게 자신의 부정적 감정을 직접 표출하는 것이기 때문에 그 부정적 영향을 온전히 자녀가 받는다고 할 수 있습니다. 전자의 경우는 훨씬 마음을 다스리면서 해야 하는 말이겠지만 그만큼 자녀도 실질적인 대안을 고민하고 생각해 볼 수 있으며 자신이 존중을 받았다고 느낄 수 있습니다. 또한, 자녀 역시도 부모의 이런 행동을 통해 자신의 감정을 조절하는 방법을 보고 배울 수 있게 됩니다. 이런 의미에서 3번째 요소는 "비난하지 않기"입니다.

P: 완벽하지 않음을 받아들이기(accepting not being Perfect)

다음은 완벽하지 않음을 받아들이기입니다. 인간은 모두 완벽할 수 없습니다. 부모와 자녀 역시 마찬가지이죠. 하지만 부모-자녀 관계에서 우리는 때로 서로가 완벽한 대상이 되어주기를 원하기도 합니다.

그런 경우 그렇지 못한 모습에 상처를 받기도 하죠. 하지만 부모와 자녀가 서로 실수할 수 있다는 점을 받아들이고 잘못한 것이 있을 때는 사과하고 다시 관계를 회복해나가는 자세는 매우 중요합니다. 실수라는 것은 발생하게 마련이고 그때 고집을 부리고 자신의 잘못을 인정하지 않으면 관계가 단절될 수 있습니다. 그러므로 잘못을 인정하고 먼저 손을 내미는 자세가 필요합니다.

부모의 경우 자기 자신이 완벽한 부모가 되고 싶을 수도 있습니다. 하지만 그럴 수 없다는 것을 받아들이고 자신의 잘못에 대해서는 자녀와 같이 대화를 통해 풀어나가려는 자세를 가진다면 훨씬 효과적인 대화가 이뤄지고 관계 역시도 더욱 단단해질 것입니다.

좋은 관계라는 것은 실수를 한 번도 하지 않는 것에서 만들어지는 것이 아닌 실수를 포함한 여러 일을 함께 겪으면서 이를 서로 대화하고 나누면서 견고해지는 것이라고 할 수 있습니다. 완벽을 추구하다 보면 이런 기회를 잃게 되기도 합니다. 그런 면에서 4번째 요소는 "완벽하지 않음을 받아들이기"입니다.

E: 한 번 더 참기(Endurance again)

다음은 한 번 더 참기입니다. 두 번째 요소인 인내를 한 번 더 강조하는 것인데요. 그만큼 인내한다는 것은 인간으로서 쉽지 않은 일입니다. 우리 모두 식단 조절을 하고 꾸준히 적절한 운동을 하면 살이 빠진다는 것을 알지만 다이어트는 항상 어려운 과제가 되는 것과 마찬가지입니다.

참는다는 것은 그것의 필요성을 머리로 이해하기는 쉽지만 실천하기는 정말 쉽지 않은 일입니다. 그래서 앞서 이야기한 것처럼 이를 한 번 더 강조하는 것이고요.

이를 위한 방법으로 앞서 소개한 것과 같이 자녀가 아닌 친구나 부모, 모임 등을 통해서 자신의 어려움이나 쌓인 부정적인 감정을 해소하는 것이 꼭 필요하다고 생각합니다.

이를 통해서 자녀 앞에서는 감정을 조절하고 인내하는 부모가 될 수 있지 않을까 싶습니다. 좋은 관계와 효과적인 대화를 위해서는 부모와 자녀 모두 부모-자녀 관계가 아닌 다른 관계나 취미 활동 등을 통한 부정적인 감정 해소가 필요하다고 할 수 있습니다.

이를 통해서 상대방에게 부정적인 감정을 부적절한 방식으로 직접 표출하는 것이 아닌, 상대방이 받아들일 수 있는 형태로 적절히 표현할 수 있다고 생각합니다.

이를 위해서는 부모가 자신의 삶에서 어느 정도 여유를 확보하는 것이 중요할 수 있는데요. 이는 현실적으로 어려움이 따르는 경우도 있습니다. 그러므로 이 역시 완벽하게 할 수 있는 것이라기보다는 자신의 상황에 맞게 최대한 자녀를 여유를 가지고 감정적으로 적절하게 대할 수 있도록 노력하는 것이라고 할 수 있습니다. 이런 의미에서 5번째 요소는 "한 번 더 참기"입니다.

C: 명확하게 의사소통하기(Clear communication)

다음은 명확하게 의사소통하기입니다. 우리나라는 문화적으로 특히 나 부모-자녀 관계에서 명확하게 의사소통하는 데 좀 어색한 면이 있습니다. 이심전심으로 서로 이해하는 "정" 문화가 있기 때문입니다. 하지만 이런 문화도 많이 변화되고 있고 특히 지금의 청소년, 청년 세대들은 명확한 의사소통을 더 선호하는 면이 있습니다.

또한, 말하지 않아도 알 것이라고 믿고 자신의 마음을 표현하지 않고 있다가 계속 부정적인 감정이 쌓인 후에야 이를 공격적으로 표출하게 되기도 합니다. 이런 경우는 그동안 참은 것들이 모두 허사가 되고 오히려 더 관계를 악화시키게 됩니다.

그러므로 표현해야 할 것이 있을 때 명확하게 이에 대해 의사소통을 해서 그때그때 해결하는 것이 효과적인 의사소통 방법이 됩니다. 그렇지 않으면 나중에 너무 꼬여서 풀기가 굉장히 어려워지는 경우도 많습니다.

이런 의사소통 방법이 우리에게 좀 친숙하지 않은 것이기 때문에 연습이 필요하다고 생각합니다. 명확한 의사소통이란 앞서 말한 비난과 같은 표현을 빼고 정확하게 하고자 하는 말을 전달하는 것입니다. 이렇게 하면 오해가 생기지도 않고 담백하게 자신의 감정이나 생각을 전달할 수 있습니다.

많이 활용되는 비폭력 대화와 같은 방법도 하나의 방법이 될 수 있을 것입니다. 특히나 자녀나 부모와 관련된 특별한 이슈(학교폭력, 성적, 부모 간의 관계 등)가 있는 경우 이에 대해 터놓고 명확하게 이야기하는 것이 필요한 경우가 많습니다. 이런 것들은 특정 시기에 개입하거나 논의하지 않으면 너무 늦어져서 훨씬 큰 대가를 치러야 하는 경우들이 많기 때문입니다. 이런 의미에서 6번째 요소는 "명확하게 의사소통하기"입니다.

T: 다른 방법 시도해보기(Try another way)

자신이 옳다고 생각하는 방식으로 의사소통을 하거나 방법을 제시하였는데 이것이 효과적이지 않을 경우는 다른 방법도 시도해보는 것이 필요합니다. 왜냐하면, 부모와 자녀 세대 간의 차이는 현재 매우 큰 상황입니다. 그러므로 자신의 상식에서는 이것이 맞다고 생각해도 상대방에게는 전혀 아닌 경우들이 종종 있습니다.

그러므로 이런 경우에는 자신의 고집을 좀 접어두고 상대방의 이야기도 들어보고 또 주변에 조언도 얻어서 새로운 방식을 시도해보는 것이 필요합니다. 또한, 이런 새로운 방법을 시도하는 것이 상대방에게 자신이 존중을 받고 있다고 느끼게 하여 관계를 향상시키는 데 도움이 되기도 합니다.

특히나 부모의 경우는 우리나라의 문화상 자신의 말이 맞고 자녀는 이에 따라야 한다고 여기기 쉽습니다. 하지만 이런 부분은 앞서 말한 것처럼 변화하고 있고 지금의 세대에게는 잘 받아들여지지 않는 방식입니다. 그러므로 더욱 열린 마음으로 자녀를 이해하려는 태도가 부모에게 중요하다고 할 수 있으며 이를 행동으로 옮겨 다른 방법을 시도해보는 것은 막힌 대화에 있어서 아주 좋은 해결책이 되기도 합니다. 이런 면에서 7번째 요소는 "다른 방법 시도해보기"입니다.

사실 이 7가지 요소에 대해 자세히 이야기하자면 몇 시간을 해도 부족한 면이 있습니다. 그래서 이에 대해 더욱 자세히 그리고 사례나 구체적인 방법을 다루는 강의나 교육을 하고 있습니다. 주로 부모-자녀 관계나 대화법과 같은 부모교육, 청소년 대상 강의와 교육을 진행하고 있습니다. 이런 강의에서는 7가지 요소를 모두 다룰 수도 있고 상황이나 대상에 따라 더욱 중요한 부분을 중점적으로 다루기도 합니다. 이 책에서는 앞으로의 내용에 대한 이해를 돕고 개념적인 설명을 위해 간단하게만 소개를 하였습니다. 이와 관련하여 더 궁금하시거나 문의사항이 있는 경우는 이메일 등을 통해 저자에게 연락해주시면 최대한 도움을 드리도록 하겠습니다.

3
Chapter

"너는 어떤 일을 하고 싶니?"
진로탐색이 중요한 초등학생 시기

01

♦♦♦

자녀가 어릴수록 진로탐색이 중요!
진로탐색을 해나가는 방법

초등학교 시기는 그야말로 진로탐색이 중요한 시기가 됩니다. 아직 자신이 어디에 흥미, 적성 등이 있는지 모르기 때문에 이를 찾기 위한 다양한 경험을 하는 것이 중요하다고 할 수 있습니다.

내 자녀에게 적합한 일, 그리고 내 자녀의 진로, 흥미, 혹은 내 자녀가 원하는 것이 무엇인지는 어떻게 탐색할 수 있을까요? 자녀의 나이가 어릴수록 구체적인 진로계획을 세우기에 앞서 무엇을 좋아하는지 원하는 것이 무엇인지를 구체적으로 탐색하는 것이 중요합니다. 이런 부분이 확실히 탐색이 되고 스스로 자신의 진로를 앞으로의 목표로 받아들이고 동기부여가 될수록 앞으로 하게 될 진로설계나 진로준비행동을 더 적극적으로 해나갈 수 있습니다. 즉, 진로탐색이 모든 진로 관련 활동의 기반이 되는 것이기 때문에 어릴 때 이 부분이 잘 갖춰질수록 앞으로 학업을 포함하여 진로와 관련된 활동들을 더 잘 해나갈 수 있는 기틀을 마련한다고 할 수 있습니다.

하지만 우리나라는 여전히 이런 부분에 관심이 부족한 것이 현실입니다. 그냥 단순하게 안정적인 직업이나 돈 많이 버는 직업을 가져야 한다는 식으로 일반론적으로 접근하기도 합니다. 하지만 앞서 이야기한 것과 같이 점점 개인의 개성과 흥미, 자신의 원하는 일이 중요시되고 있습니다.

흔히 말하는 요즘의 MZ세대들은 자신이 원하던 일이 아니라면 매우 어렵게 들어간 대기업, 명문대, 공무원 자리도 미련 없이 그만두는 모습을 보이는데 이미 이런 것이 특별한 뉴스거리가 아닐 정도로 자주 주위에서 접할 수 있는 모습이 되었습니다. 이에 비추어보면 지금의 청소년들은 이런 특성을 더욱 강하게 가지고 있습니다. 그러므로 더더욱 기존의 방식처럼 객관적인 좋은 직업의 조건을 자녀에게 말하는 것은 그야말로 의미 없는 일이 되어가고 있습니다. 그 때문에 자신이 원하는 일의 모습이 어떤 것인지 탐색하고 이를 기반으로 진로발달을 이뤄나가는 것은 자녀가 어릴수록 매우 중요한 과제가 된다고 할 수 있습니다.

진로 분야의 대표적인 학자 중 한 명인 Super는 생애 단계에 따라 진로발달을 설명하였는데 만 14세까지를 성장기로 보았으며 만 7세에서 11세까지 즉, 우리나라의 초등학교 시기에 흥미가 발달하면서 흥미가 진로에서 중요한 요인이 된다고 보았습니다. 이 시기에 아동의 흥미가 발달하고 이에 따라 다양한 탐색 활동이 필요하다고 할 수 있습니다.

특히 부모의 직업에 관심을 가지기 시작하기 때문에 여기서부터 진로

탐색의 시작점으로 삼아볼 수도 있습니다. 또한, 여러 직업에 관심을 보이기 시작합니다. 이 시기에 이런 흥미에 따른 탐색을 할 수 있도록 돕는 것이 중요한데 왜냐하면 이 시기에 충분한 탐색이 이뤄지지 않으면 진로나 직업에 관한 관심과 흥미가 충분히 발달하지 못하고 이후의 진로탐색과 설계들을 해나갈 동기가 없어질 수 있기 때문입니다. 그러므로 특히나 이 시기에는 여러 직업에 흥미를 느끼고 진로 및 직업들에 대해 탐색하는 활동들이 중요하다고 할 수 있습니다.

그렇다면 이런 진로탐색은 어떻게 해나갈 수 있을까요? 먼저 고려해 볼 수 있는 것은 자녀가 무엇을 좋아하는지 살펴보는 것입니다. 이는 흥미라고 이야기할 수 있을 것입니다. 다음으로는 무엇을 잘 하는지 살펴볼 수 있을 것입니다. 이는 적성이라고 이야기할 수 있을 것입니다. 그리고 한 가지 더 강조하고 싶은 것은 직업 가치관이라는 개념입니다.

먼저 흥미에 대해 생각해 보면 흥미는 내가 무엇을 좋아하는가에 대한 것입니다. 흔히 하는 이야기처럼 내가 무엇에 관해 흥미를 느끼는가입니다. 이를 탐색해보는 방법의 하나로 청소년들의 경우에는 흔히 무슨 과목을 좋아하는지부터 시작해볼 수 있습니다. 혹은 어떤 것을 좋아하는지 꼭 직업이 아니라도 어떤 분야 혹은 어떤 것에 흥미를 느끼는지 탐색해 볼 수 있습니다. 진로와 관련하여 우선 가장 큰 맥락에서 어떤 분야 혹은 어떤 것에 관해 관심이 있는지에서부터 살펴볼 수 있습니다.

흥미는 일과 진로에 있어서 큰 동력이 됩니다. 자동차회사인 크라이슬러를 창업한 월터 크라이슬러는 저축해 모은 돈으로 자동차를 한 대구매하여 이를 스스로 완전히 분해했다가 다시 조립했다고 합니다. 이는 아마 자동차에 대한 흥미가 없었다면 대부분의 사람은 돈을 주고 시켜도 해내지 못하는 일일 것입니다. 때문에, 주위 사람들은 크라이슬러를 이상한 사람 취급했다고 합니다. 하지만 크라이슬러는 그만큼 자동차에 대한 열정과 흥미를 느끼고 있었던 것이고 이와 같은 관심과 흥미를 기반으로 세계적인 자동차회사의 창업자가 되었던 것입니다.

이처럼 자신이 무엇을 좋아하는지는 일이나 직업을 선택하는 데 있어서 사실 최우선 고려사항이 되어야 합니다. 하지만 우리나라에서는 여전히 안정적인 직업 혹은 돈을 많이 버는 직업, 사회적 지위가 높은 직업과 같은 사회적인 기준이나 객관적 기준을 중요시하는 경향이 남아있습니다. 하지만 앞서 말한 것과 같이 어떤 일이 자신에게 잘 맞는지는 그야말로 주관적인 영역입니다.

또한, 점점 일의 세계는 객관적으로 좋은 직업보다는 자신이 하고 싶은 일을 창의적으로 해나가는 방향으로 변화해나가고 있습니다. 음식을 맛있게 먹는 것을 좋아하고 잘해서 먹방 혹은 요리 관련 방송 크리에이터가 되는 것은 불과 몇 년 전만 해도 상상도 할 수 없는 모습이었지만 이제는 일상이 되었고 심지어는 선망의 대상이 되기도 합니다. 이런 세상에서 자라나고 있는 청소년 자녀들은 더더욱 부모세대와 다르게 자신의 흥미를 최우선시합니다.

그러므로 이에 맞춰서 자녀의 진로를 같이 생각해 나가지 않으면 자녀들은 부모를 자신의 진로에 대해 의논할 상대로 여기지 않을 가능성이 커집니다. 오히려 부모가 세상 물정 모르는 취급을 당하게 되는 것입니다. 그러므로 자녀의 흥미에 대해 개방적인 자세로 탐색하고 이것이 어떻게 직업 혹은 진로로 이어질 수 있을지 부모가 함께 의논해보고 길을 찾아보는 자세가 중요하다고 할 수 있겠습니다.

다음으로는 적성에 대해 살펴볼 수 있습니다. 적성은 일에 필요한 능력을 얼마나 내가 갖추고 있는지에 대한 것입니다. 적성에 잘 맞는다는 것은 쉽게 말하자면 그 일에 소질이 있고 잘 한다는 것입니다. 좀 더 구체적으로 이야기해 보자면 어떤 사람은 언어적인 능력이 뛰어날 것이고 어떤 사람은 수리적인 능력이 뛰어날 수 있습니다. 이에 따라 수리적인 능력이 뛰어나면 수리적인 능력을 주로 필요로 하는 진로를 선택하는 것이 좋은 선택이 될 수도 있다는 맥락의 개념입니다.

그런데 이런 접근은 비교적 전통적인 접근방식이고 사실 이제는 어떤 직업이나 진로에 있어서 하나의 적성만을 요구하지는 않는 경우가 많습니다. 공무원에게도 창의적인 접근이 필요할 수 있고 판검사에게도 따뜻한 공감 능력이 필요할 수 있습니다. 그러므로 어떤 적성이 뛰어나기 때문에 이런 직업이 무조건 잘 맞는다기보다는 자신이 흥미를 느끼고 있는 분야에서 자신의 적성을 어떻게 살릴 것인지 생각해 보는 것이 더 현명한 접근방법이 될 수 있습니다.

마지막으로 직업 가치관에 관해 이야기해 보면 우리나라에서는 아직 많이 강조되지는 못하고 있는 현실이라고 할 수 있는데 사실 직업 가치관은 매우 중요합니다. 직업 가치관은 말 그대로 일에서 어떤 가치관을 가지고 무엇을 중요시하는지에 대한 개념으로 예를 들면 돈을 많이 벌고 싶다면 금전적 이익과 같은 가치를 중요시하는 것일 수 있습니다. 반면 누군가를 돕는 것을 중요하게 여긴다면 이는 봉사와 같은 가치를 중요시한다고 할 수 있습니다.

단순히 생각해봐도 금전적 이익과 봉사는 상당히 상반되는 면이 많을 것으로 여겨집니다. 직업 가치관을 중요하게 살펴봐야 하는 이유가 바로 여기 있습니다. 예를 들면 금전적 가치가 중요한 사람이 봉사가 주가 되는 환경에 있다면 상당한 갈등을 경험할 것입니다. 대부분의 경우 봉사 활동을 하면서는 금전적 이익을 거의 얻지 못하는 경우가 많으니까요. 반면 봉사를 중요시하는 사람이 누군가를 돕거나 배려하는 것보다는 금전적 이익을 최우선으로 여기는 환경에서 일한다면 이 역시도 상당히 괴로움을 경험할 것입니다.

이익 때문에 누군가에게 원하지 않는 일을 시켜야 하거나 회사의 이익을 최대화하기 위해 고객에게 이익이 덜 돌아가게 해야 할 수도 있기 때문입니다. 그러므로 내게 어떤 일이 맞는지를 생각한다면 직업 가치관을 고려하는 것이 매우 중요하다고 할 수 있고 자녀들이 어린 나이부터 이런 관점에서 진로와 일에 대해 고려하고 생각해 볼 수 있도록 키운다면 자녀들이 자신에게 잘 맞는 길을 찾아 나갈 가능성이 훨씬 더 커질 것입니다.

앞서 언급한 세 가지 개념을 모두 조화롭게 살펴보는 것이 가장 좋은 접근이 될 것입니다. 예를 들면 큰 틀에서 흥미를 느끼고 있는 분야를 탐색하고 그 분야에서 어떤 형태의 일을 할 것인지는 가치관이나 적성을 고려하는 방식도 좋은 접근방법이 될 수 있습니다. 의사라는 직업에 흥미를 느끼고 있고 다른 사람을 가르치는 데 적성이 있다면 유튜브를 병행하는 의사가 될 수도 있을 것입니다. 그리고 봉사와 같은 가치가 중요하다고 한다면 무료로 유튜브를 통해 의료지식을 사람들에게 제공하고 틈틈이 의료봉사를 하는 의사가 되는 모습을 그려볼 수도 있을 것입니다. 이와 같은 접근은 단순하게 어떤 직업 혹은 돈 많이 버는 직업, 안정적인 직업과 같은 접근보다 훨씬 다차원적으로 진로와 일에 대해 접근하고 계획을 세워볼 수 있게 합니다. 그리고 이런 식으로 부모가 진로에 대한 접근을 자녀와 함께한다면 자녀도 흥미를 느끼고 자신의 진로를 탐색해나가는 데 도움이 될 것입니다.

02

♦ ♦ ♦

진로탐색은 머리로만 하는 것이 아니다

자녀가 어릴수록 진로탐색은 경험을 통하는 것이 중요합니다. 진로나 직업에 대해 우리가 간접적으로 듣거나 공부할 수 있지만 사실 일을 실제로 해보기 전까지는 자신에게 잘 맞을지 정확히 알 수 없습니다. 예를 들면 공부를 열심히 하고 자신도 의사가 될 것이라고 믿고 의대에 진학하였으나 도저히 해부를 할 수 없거나 피를 보면 너무 힘들어서 학업을 포기하기도 하는 것이 그 예라고 할 수 있습니다.

진로 분야의 대표적인 학자인 Super는 만 14세까지를 진로발달에 있어 성장기로 보았으며 이 시기에 아동의 호기심이 발달하고 이런 호기심은 탐색 활동을 통해 채워진다고 보았습니다. 이와 같은 탐색 활동을 통해 진로에 대한 정보를 획득하고 이는 진로에 대한 흥미로 이어진다고 보았습니다. 즉, 진로에 대한 흥미나 관심은 자동으로 생겨나는 것이 아니라 탐색 활동을 통해 발달하는 것이라는 것입니다. 그러므로 이와 같은 탐색 활동을 충분히 할 수 있도록 부모가 도와주는 것이 자녀의 진로발달에 매우 중요하다고 할 수 있습니다. 상담하다 보면 고등학생이 되어서도 진로에 대한 흥미나 관심을 가지는 분야가 전혀 없어 보이는 청소년들이 있는데 이는 이와 같은 탐색 활동이 잘 이뤄지지 못하였기 때문일 가능성이 큽니다.

또한, Super는 만 15세 이상부터 18세까지는 탐색기로 보았는데 우리 나라로 치면 고등학교 시기라고 할 수 있습니다. 이 시기에는 더욱 구체 적인 정보 즉, 급여나 근무조건, 자신이 해당 직업을 가질 수 있을지, 해 당 직업에서 충족시킬 수 있는 가치관 등을 고려할 수 있게 됩니다. 그 러므로 이 시기의 청소년들에게는 부모가 더욱 구체적으로 탐색하고 경 험할 수 있도록 자녀를 지도해주고 도와주는 것이 필요하다고 할 수 있 습니다.

그러므로 자녀가 초등학생~중학생이라면 여러 가지 경험을 통해 자 신이 어디에 관심을 두고 있는지 살펴보고 관련 정보를 통해 흥미를 키 워나갈 수 있도록 도와주는 것이 필요합니다. 더불어 자신이 어디에 적 성을 가졌는지 탐색할 수 있도록 도와주는 것이 중요합니다. 우리나라 도 국가 차원에서 이런 맥락에서 중학교 1학년은 시험을 보지 않는 자유 학기제를 실시하기도 하였습니다.

반면 자녀가 고등학생이라면 더욱 구체적으로 일과 진로에 대해 탐색 하도록 돕는 것이 중요합니다. 대표적으로 진학과 관련된 부분을 생각할 수 있습니다. 해당 직업을 얻기 위해서는 해당 학과에 진학하는 것이 중요한 경우가 많기 때문입니다.

고등학생의 경우 특성화고를 다니는 것이 아니라면 대부분은 입시와 연관될 수밖에 없는 상황으로 수시 제도를 염두에 둔다면 이미 어느 정도 공부하고 싶은 분야나 전공이 정해져 있는 것이 좋다고 할 수 있습니다. 그러므로 자신이 원하는 전공이나 분야에 대해서 보다 구체적으로 탐색하도록 돕는 것이 필요한 단계라고 할 수 있습니다. 특성화고를 다니는 경우에도 대학에 진학할 것인지 취업을 할 것인지 그리고 어느 분야에 취업이나 진학을 할지 고민해봐야 합니다.

예를 들면 전자공학에 관심을 두고 있다면 스마트폰에 더 관심이 가는지 반도체에 더 관심이 가는지 혹은 자동차에 들어가는 전자부품이나 전자제품에 더 관심이 가는지 등을 탐색하고 관련된 경험을 할 수 있도록 도와주는 것이 필요하다고 할 수 있습니다. 같은 전자공학을 공부하더라도 자동차를 좋아해서 자동차 부품에 대해 흥미를 느끼는 것과 냉장고와 같은 가전제품에 들어가는 부품에 관해 관심을 가지는 것은 상당한 차이가 날 수 있습니다.

이처럼 자녀의 현재 발달수준에 따라 부모가 이와 관련된 경험을 할 수 있도록 도와주는 것이 현실적인 진로지도 방법이라고 할 수 있습니다. 또 하나 좋은 방법은 부모의 직업이 자녀가 흥미를 두는 분야에 속한다면 부모가 자기 분야의 여러 가지 일이나 직업들을 자녀에게 소개해주는 것입니다. 그러면 자녀와 대화를 나누면서 자녀와의 관계도 향상시키고 진로에 관한 준비도 할 수 있으니 일석이조라고 할 수 있습니다.

그런데 의외로 우리나라의 경우 아직 이런 접근이 상당히 미흡한 것이 사실이라는 생각이 듭니다. 사회적으로 자신의 분야에서 꽤나 성공한 사람조차도 자녀와 진로에 대해 구체적으로 이야기를 나누기보다는 자신이 성공했던 방법을 그대로 적용하여 자녀에게도 일단 공부만 잘하고 보라는 식의 접근을 하기도 합니다. 그리고 나서는 정작 중요한 진로에서는 네가 좋아하는 것은 뭐든지 좋으니 좋아하는 것을 하라고 추상적으로 이야기하게 되는데 이는 자칫 잘못하면 자녀를 방임하는 것과 비슷한 결과로 이어질 수 있습니다.

물론 자녀가 스스로 잘 찾아보고 부모가 오히려 신경 써 주는 것을 싫어하는 성향이라면 이런 접근이 잘 맞을 수도 있지만 그런 경우보다는 부모가 어느 정도 경험을 제공해 주려는 노력을 하는 것이 자녀의 진로발달을 돕는 경우가 많습니다. 자녀가 관련 분야에 엄청난 흥미를 느끼고 또 스스로 하는 것을 좋아하는 성향이 아니라면 자녀가 스스로 직업의 세계를 탐색하고 필요한 경험을 쌓기란 현재 한국의 상황에서 쉽지 않기 때문입니다.

또 하나의 방법은 친척이나 주위에 자녀가 관심을 가질 만한 분야에서 일하는 사람이 있다면 만남을 주선해주고 인터뷰를 할 수 있도록 도와줄 수 있습니다. 이런 경험이 간접경험이 되어 자녀의 진로에 관한 관심을 높이거나 진로성숙도를 확 올려주게 되는 계기가 될 수 있습니다. 그러므로 부모가 이런 것들을 찾고 경험을 제공하는 것이 중요합니다.

이렇게 직접 해당 분야의 종사자를 만나도록 도와주는 것도 좋은 방법이지만 여의치 않을 수도 있습니다. 그런 경우 요새는 인터넷에서도 정보를 잘만 찾으면 관련된 전문가들의 이야기를 쉽게 접할 수 있습니다. 예를 들면 유튜브에서 관련된 분야의 전문가들이 자신의 경험을 이야기하는 영상을 쉽게 찾을 수 있습니다. 이런 영상을 같이 보고 느낀 점을 서로 나눠보거나 부모가 어른으로서 어느 정도 의견을 제시해주고 자녀가 생각해 볼 수 있도록 돕는 방법도 있을 수 있습니다.

그리고 관련된 분야의 사람들이 많이 모이는 커뮤니티 등에 들어가서 일과 관련된 질문을 하거나, 인터뷰가 가능한지 탐색해볼 수도 있습니다. 이런 과정들이 자녀가 진로에 대한 경험을 높이고 스스로 탐색할 수 있는 능력을 키울 수 있도록 돕기 때문에 자녀의 진로발달에 좋은 접근이 될 수 있습니다. 이와 같은 과정을 부모가 함께해준다면 부모에 대한 신뢰도 생기고 부모가 자신에게 관심을 보여준다고 느껴 부모-자녀 관계 향상에도 도움이 된다고 할 수 있습니다.

자녀가 자신에게 잘 맞는 일을 하고 일에서 성취를 거두고 만족하면서 사는 것은 모든 부모가 바라는 일일 것입니다. 그러나 어떻게 진로에 대한 지도를 해줘야 하는지는 잘 모르는 경우가 많은 것 같습니다. 그러다 보니 예전에 부모가 자신의 부모세대에게 들었던 방식으로(현재에는 맞지 않는) 자녀에게 무조건 공부를 열심히 하면 다 잘 될 것이라든지 그저 안정적이고 돈을 많이 버는 직업을 해야 한다든지 하는 이야기만 반복하는 경우가 의외로 여전히 많습니다. 그러다 보면 어느 순간 자녀는 부모의 말을 그저 잔소리로만 받아들이고 자녀의 진로발달에는 전혀 도움이 되지 않거나 오히려 부모-자녀 관계를 악화시키는 역효과로 이어지기도 합니다.

그러므로 부모가 자녀와 함께 진로에 관한 탐색을 하고 관련된 경험이나 체험을 할 수 있도록 돕는 접근이 매우 중요하다고 할 수 있습니다.

앞서 이야기한 것들을 좀 더 요약하여 실천해 볼 수 있는 방법으로 정리해보면 다음과 같습니다.

첫 번째로는 부모의 직업입니다. 부모의 직업은 자녀가 가장 먼저 접하게 되는 직업일 가능성이 큽니다. 또한, 자연스럽게 부모의 직업에 관심을 두게 되고 자녀가 부모와 같은 직업을 가지게 되는 비율도 상당히 높습니다. 그리고 무엇보다도 부모가 해당 분야에서 전문가이기 때문에 자녀에게 경험을 제공하고 더욱 효과적으로 관련된 진로로 나아가는 데 도움을 줄 수 있습니다. 그러므로 먼저 자녀가 부모와 관련된 직업에 흥미를 두는지 살펴보고 이와 관련된 경험을 할 수 있도록 기회를 마련해주는 것이 좋은 방법이 될 수 있습니다. 그리고 앞서 말한 것과 같이 이는 부모-자녀 관계 향상에도 도움이 되니 일석이조라고 할 수 있습니다.

두 번째로는 자녀가 흥미를 두는 분야가 있다면 이와 관련된 분야의 지인이나 친척과의 만남 혹은 인터뷰를 주선해주는 방법입니다. 이 역시 간접경험을 통해 관련된 직업에 대한 흥미를 얻거나 경험을 쌓을 수 있는 방법이라고 할 수 있습니다. 관련한 현장에 방문해서 일하는 것을 보거나 체험해 볼 수 있다면 더욱 효과적이라고 할 수 있습니다.

세 번째는 관련 분야의 책을 읽는 것입니다. 이는 실제로 경험하거나 사람을 만나는 것보다 더 간접적인 방법이라고 할 수 있으나 자녀의 성향에 따라서는 훨씬 효과적일 수도 있습니다. 정적이고 무언가 깊이 있게 공부하는 것을 좋아한다면 해당 분야에 대해서 사전에 많은 지식을 미리 쌓고 공부해보는 것으로도 이어질 수 있습니다. 예를 들면 컴퓨터 프로그래밍과 같은 분야라고 한다면 스스로 책을 보고 몇몇 프로그램을 짜본다면 이는 진로에 있어서 굉장히 좋은 경험이 될 것입니다. 게다가 이런 과정을 통해 진로에 흥미를 계속해서 유지할 수 있을 것입니다.

네 번째는 SNS나 유튜브와 같은 인터넷 매체를 활용하는 것입니다. 요즘은 유튜브에서 웬만한 직업을 치면 현업에서 일하고 있는 사람들이 자신의 경험에 관해 이야기하는 영상을 쉽게 찾을 수 있습니다. 물론 현실과 동떨어지거나 거짓 정보도 없는 것은 아니지만 이는 부모가 같이 보면 대부분 구별이 가능할 것입니다. 그러므로 이런 경험을 통해 간접 경험을 하는 것도 가능합니다. 오히려 현실적인 정보를 얻을 수도 있고 쉽게 접하기 어려운 분야의 정보를 얻을 수도 있습니다. 예를 들면 프로게이머에게 약간 환상을 가지고 있는 자녀가 있다면 프로게이머가 자기 일이 얼마나 경쟁이 심하고 혹독한 훈련을 지속해야 하는지 또 재능이 받쳐줘야만 성공할 수 있다는 것을 현실적으로 이야기해주는 영상을 본다면 자녀가 더욱 현실적인 진로목표를 세울 수도 있을 것입니다. 반면 영상의 내용이 자신과 잘 맞는다고 생각한다면 프로게이머로서 진로를 보다 확고하게 만들어나가는 것도 가능할 것입니다. 그 때문에 주위에 자원이 부족할 때는 인터넷의 정보를 활용하는 것도 좋은 접근이 될 수 있습니다.

이 중에서 가장 좋은 방법이라고 생각하는 것은 무엇보다도 실습이나 체험을 하는 것이라고 생각합니다. 저도 진로를 바꾸기도 하였고 진로와 관련한 상담도 많이 하면서 느끼는 것은 해당 진로나 일에 대해 가장 잘 알 수 있는 방법은 실제로 해보는 것이라는 점입니다. 실제로 잘 맞을 것으로 생각하고 공부할 때까지만 해도 좋았던 일이 실제 나의 일이 되었을 때는 전혀 자신과 맞지 않고 어려움을 경험하는 사례들이 많기 때문입니다. 하지만 체험을 하거나 실제로 일을 해보는 것은 상당히 제한적일 수밖에 없습니다. 그러므로 간접경험으로라도 관련 분야에서 일하는 사람과의 인터뷰나 만남 등을 이용하는 것이 실습이나 체험 다음으로 좋은 방법이 아닌가 싶습니다.

또 하나 진로와 더불어 계속 강조하지만, 부모가 이와 같은 진로탐색의 과정을 같이 해주는 것이 부모-자녀 관계 그리고 자녀의 정서에 있어서 상당한 도움을 줍니다. 대부분 중, 고등학생만 되어도 표현을 하든 하지 않든 자신의 진로에 대해 고민하고 중요하게 여기게 됩니다. 이때 부모가 이를 도와주고 관심을 보여준다면 이를 부모의 애정으로 느끼게 될 것입니다. 그리고 부모와 함께 경험을 쌓아가면서 부모-자녀 간의 신뢰를 쌓아갈 수 있습니다. 그리고 부모가 진로에 있어서 진지한 태도를 가지면 자녀도 자연스럽게 자신의 진로와 미래의 일에 대해 진지하게 생각하고 이와 관련된 고민과 노력을 더 해나갈 수 있게 됩니다. 그러므

로 이와 같은 접근은 청소년기에 자녀의 진로발달에 아주 중요한 부분
이라고 할 수 있습니다.

03

◆ ◆ ◆

"공부 열심히 해서 좋은 직업을 가져야지"
모두에게 좋은 직업이란 존재하지 않는다

"공부 열심히 해서 좋은 직업을 가져야지" 그야말로 드라마나 영화의 한 장면에서 흔히 볼 법한 클리셰입니다. 하지만 이런 말이 과연 합리적일까요? 부모라면 내 아이가 좋은 직업을 가지기를 원하는 것은 당연한 일일 겁니다. 그렇다면 좋은 직업이란 무엇일까요? 이전에는 비교적이 질문에 답하기 쉬웠습니다. 예를 들면 안정성이 높은 교사나 공무원이라든지 돈을 많이 벌고 사회적 지위가 높은 의사나 판·검사라든지… 물론 이런 직업은 지금도 객관적인 직업의 조건이 좋은 편이긴 하지만 사회가 다가치화되고 다양한 개성과 개인의 선호가 중요해지면서 이 질문을 대답하기가 어려워졌습니다.

예를 들면 돈을 많이 버는 직업으로 의사를 생각하기도 하였습니다. 하지만 최근 어떤 스타강사가 몇 년도 이후로 연봉이 100억 이하로 내려가 본 적이 없다고 말해 화제가 되기도 하였습니다. 그리고 이제는 잘 알려진 대로 인기 있는 유튜버나 스트리머는 한 달에 수억에서 수십 억의 수입을 올리기도 합니다. 쇼핑몰 등의 1인 기업으로 한 달에 수억의 매출을 올리는 이야기는 이제는 오히려 좀 지나서 다 아는 이야기가 되었습니다. 한번 생각해 보면 자녀에게 돈을 많이 벌어야 하니 의사가 되라고 하면 어쩌면 현실을 더 잘 아는 청소년 자녀는 부모는 잘 알지도 못하면서 옛날얘기나 한다고 여길지도 모를 일입니다.

이처럼 어떤 직업이 돈을 많이 버는 직업이냐는 비교적 단순한 질문에도 쉽게 대답하기가 더 어려워졌습니다. 그런데, 더욱 다양한 가치가 포함된 어떤 직업이 좋은 직업이냐는 더욱 대답하기 어렵습니다. "어떤 직업이 좋은 직업이냐"보다는 "어떤 직업이 내가 원하는 직업이냐"로 질문을 바꾸는 것이 그나마 현실적으로 대답이 가능하다고 할 수 있습니다. 좀 더 구체적으로 생각해 보면 내가 직업에서 무엇을 가장 중요시하는지 생각해 볼 수 있습니다. 예컨대 내 흥미나 적성에 맞는 직업을 하고 싶은지 아니면 뭔가 자율성을 보장받고 싶은지, 혹은 안정성 있는 직업을 가지고 싶은지 등을 생각해 볼 수 있습니다. 직업에 대해 가지는 가치관, 적성, 흥미 등을 우선 생각해 볼 수 있습니다. 이에 대해서는 추후 좀 더 구체적으로 다루겠습니다.

앞서 말한 것처럼 돈을 많이 버는 직업을 하고 싶다는 다소 극단적으로 단순한 목표를 가진 경우를 예를 들어 생각해 보아도 선택할 수 있는 선택지가 아직도 많습니다. 앞서 말한 것처럼 전통적으로 의사나 사업가 등이 될 수 있고 최근 트렌드에 맞춰 유튜버나 인플루언서가 되어보겠다고 목표를 세울 수도 있습니다. 운동선수나 프로게이머가 되겠다고 생각할 수도 있습니다. 무엇을 목표로 삼느냐에 따라 계획도 완전히 달라지고 준비할 것도 달라지겠지요.

우리 사회에 이런 여러 선택지가 생긴 지는 그야말로 얼마 되지 않았습니다. 제가 느끼기에도 10여 년 전과 지금의 우리나라의 직업의 세계는 너무나 다르다는 생각이 듭니다. 10여 년 전에는 유튜버는 고사하고 스마트폰도 생소하던 때였으니까요.

그런데 이러한 변화가 안타깝게도 지금의 청소년 자녀를 둔 부모에게는 더 크게 작용하게 됩니다. 그래서 여전히 부모는 돈을 많이 벌라면 의사가 되어야 하고 안정성을 위해서는 교사나 공무원이 되어야 하고 사회적 지위를 위해서는 판·검사가 되어야 한다고 생각합니다. 여전히 유효한 이야기이기는 하나 문제는 지금의 세상에서 자라나는 청소년들이 보기에는 고리타분하고 오히려 부모가 세상 물정을 모른다고 생각할 수 있다는 점입니다.

원래 청소년기에는 부모의 말보다는 자기 생각이나 또래의 말을 더 우선시하는 특성이 있는데 부모가 위와 같은 이야기를 한다면 더욱 부모와는 진로와 관련된 이야기는 하지 않으려고 할 가능성이 큽니다. 물론 장래희망이 교사나, 판·검사라면 잘 맞을 수도 있습니다. 그러나 이렇게 접근하면 그저 아이의 기질이 부모의 의도에 잘 맞기를 바랄 수밖에 없습니다. 운 좋게 그렇다면 다행이지만 그렇지 않은 경우는 커다란 갈등을 겪고 부모-자녀 관계가 파탄이 나는 데까지 이를 수도 있습니다.

앞서 말한 개성을 중시하는 지금의 사회 분위기와 청소년기의 발달특성이 합쳐져 부모가 하는 이야기가 더욱 그저 듣기 싫은 잔소리로 여겨질 위험성이 커진다고 할 수 있습니다.

예를 들어 프로게이머가 되겠다는 자녀에게 부모가 게임은 나쁜 거고 공부를 해서 안정적인 교사가 되어야 한다고 하는 조금은 극단적이지만 주위에서 흔히 볼 수 있는 예를 들어보겠습니다. 자녀가 부모와 관계가 좋거나 기질적으로 좀 더 안정 지향적이고 순종적인 면이 있어 부모의 말을 받아들이면 그래도 갈등을 피할 수 있을 것입니다. 그러나 그런 경우에도 잘못하면 자신의 욕구를 억압하는 것이기 때문에 이것이 언젠가 터져 나올 위험성이 있습니다. 예를 들어 열심히 참고 공부해서 교사에 임용되고 나서 어느 날 자신이 하고 싶은 일을 찾아 떠나겠다면서 일을 그만둔다든지 하는 일이 일어날 수 있습니다. 어쩌면 이런 경우는 처음부터 교사가 아니라 다른 진로를 선택한 것보다 더 최악의 경우라고 할 수도 있겠죠.

반대로 부모와 진로로 인해 계속 갈등을 겪는 경우도 생각해 보면 부모와의 갈등이 아주 커져 부모와 갈등을 겪고 싸우느라 에너지를 다 소진하고 제대로 공부도 하지 않고 그렇다고 프로게이머가 되겠다는 노력도 하지 않고 싸우면서 시간만 보내다가 고3을 맞이하게 되고 준비된 것이 없으니 더더욱 현실 앞에서 무기력해지고 자존심이 상해 그냥 아무 것도 하지 않겠다고 완전히 엇나가버릴 수도 있습니다. 물론 상당히 극단적인 예를 든 것이기는 하나 충분히 주위에서 볼 수 있는 사례입니다.

그렇다면 어떻게 부모가 접근해야 할까요? 일단은 세상이 다가치화되어 점점 더 정답이 없이 자신이 원하는 것을 하는 것이 중요한 세상이 되어가고 있고 특히나 지금의 청소년들은 더욱 이런 경향성이 크다는 점을 인지해야 합니다. 그리고 실제로도 자신이 좋아하는 어떤 일을 하더라도 열심히 하기만 하면 어느 정도 직업으로서 기능할 수 있고 잘되면 큰 성공을 거둘 수도 있는 세상이 되어가고 있습니다.

지금의 청소년들은 주위에서 보고 듣는 것이 자신만의 개성을 살리는 사람들의 이야기입니다. SNS나 유튜브 등에서 이와 같은 성공사례들이 수도 없이 공유되고 있습니다. 또한, 자기중심적이고 자율성을 중요시하는 청소년기의 특성까지 생각하면 더 이상 객관적으로 좋은 직업이나 부모가 생각하는 좋은 직업을 강조하는 것은 그야말로 반발만 더 크게 만들거나 그저 듣기 싫은 잔소리로 여겨질 가능성이 크다고 하겠습니다.

이와 같은 점을 받아들이고 부모가 자녀와 함께 진로에 대해 진지하고 자녀를 존중하는 태도로 이야기를 나눠보는 것이 중요합니다. 또한, 그런 진로를 시도해보고 스스로 경험하게 해주는 것이 중요합니다. 말처럼 쉽지 않은 일이라는 것은 저도 경험으로 알고 있지만 결국 그런 태도를 부모가 가질 때 완벽하지는 않더라도 자녀가 스스로 길을 찾아갈 수 있도록 도울 수 있는 것 같습니다.

그러면 이해하기 쉽게 실제와 가까운 사례를 들어 예를 들어 대화 방법을 살펴보겠습니다.

자녀가 원하는 것, 중요시하는 것을 존중해주고 관심을 보여주세요.

사례로 보는 대화법

부모: ㅇㅇ이는 어떤 일이 좋은 일이라고 생각하니?

자녀: 글쎄… 잘 모르겠어요.

부모: 그러면 직업에 있어서 어떤 조건이 제일 중요할 것 같아?

자녀: 음… 그냥 돈을 많이 벌면 좋을 것 같기도 해요.

부모: 돈을 많이 벌고 싶어? 돈을 많이 벌면 뭘 하고 싶은데?

자녀: 그냥 사고 싶은 것도 많이 사고, 먹고 싶은 것도 먹고….

부모: 그렇구나. 일단 돈을 좀 많이 벌었으면 좋겠다는 거네?

자녀: 네.

부모: 그러면 돈을 많이 벌 수 있는 직업은 어떤 것이 있는지 한번 몇 개 찾아보고 그중에서
어떤 것이 마음에 드는지 먼저 살펴볼까?

자녀: 네.

물론 위의 예시처럼 잘되지 않을 수도 있고 돈 말고 다른 것, 예를 들면 다른 사람을 돕는 일이나 가르치는 일과 같은 이야기를 할 수도 있습니다. 그러면 그런 아이의 관심사를 따라가 보면 될 것입니다. 가장 중요한 핵심은 아이의 관심을 물어봐 주고 부모가 먼저 판단하지 않고 이에 대해 같이 고민해 보고 찾아보려는 자세를 유지하는 것이라고 할 수 있습니다. 이런 과정을 통해 자녀는 존중받는 것을 경험하고 스스로도

자신을 존중하는 자존감이 형성되고 나아가 진로탐색과 준비에 필요한 자신감을 형성해나가게 됩니다.

04

◆ ◆ ◆

"프로게이머, 유튜버가 되고 싶다고 하는데 직업으로 선택하게 해야 하는지 모르겠어요"

자녀가 프로게이머나 유튜버가 되겠다고 할 때 부모로서는 어떻게 반응해야 할까요? 요즘 특히 많은 부모가 고민하는 주제이기도 한데요. 사실 조금 쉽게 생각하면 예전에는 연예인이 되겠다고 하던 것이 대상만 바뀐 것이라고 할 수도 있습니다.

이런 경우 구체적인 탐색이 필요합니다. 단순히 화려한 모습에 반해 그런 직업을 가지고 싶어 하는 것일 수도 있기 때문입니다. 만약 그렇다면 구체적으로 살펴보는 과정에서 자연스럽게 다른 선택을 하게 됩니다. 예를 들어 자녀가 프로게이머가 되겠다고 하는 경우 프로게이머가 되기 위해 필요한 과정들을 부모가 아이와 함께 알아보는 과정이 필요합니다. 자녀가 스스로 알아보고 부모에게 제시해준다면 좋지만, 청소년들은 그냥 막연하게 생각하기만 하는 경우가 더 많을 것입니다.

일단은 무슨 게임으로 프로게이머가 되고 싶은지를 물어봐야 할 것입니다. 유튜버라면 무슨 주제의 유튜버가 되고 싶은지 물어볼 수 있겠죠. 계속 이야기하지만 이런 대화는 최대한 구체적인 것이 중요합니다. 극단적인 예를 들면 "쓸데없는 소리 그만하고 공부나 해라"와 같은 것은 대화라고 할 수 없겠죠. 이런 반응은 앞서 계속 얘기한 것처럼 요즘 청소년들에게는 반발만 일으킬 뿐 아무런 효과도 없다고 보면 됩니다.

무슨 게임인지 물어봤다면 그다음으로 해볼 것은 부모가 자녀와 함께 정보를 수집하고 진로에 대해 탐색해보는 것입니다. 이 함께하는 과정이 매우 중요하다고 할 수 있습니다. "그럼 네가 알아서 해라"라든지 "그런 건 재능이 있는 몇몇 소수나 가능한 일이지 네가 할 수 있겠느냐"와 같은 반응은 구체적이지도 않을뿐더러 자녀의 진로를 지도해줘야 하는 부모로서 책임을 회피하는 것이라고도 할 수 있습니다. 일단 쉽게 생각해 볼 방안으로 유튜브에서 프로게이머가 되기 위해 필요한 것들을 찾아보는 것입니다. 현직 혹은 전직 프로게이머들이 만들어 놓은 영상만 찾아보아도 프로게이머라는 진로에 대해 많은 현실적인 정보를 얻을 수 있을 것입니다. 이 정도만 찾아봐도 프로게이머가 되기 위해서는 실력이 어느 정도는 되어야 하고 나이는 몇 살 정도가 현실적으로 가능하고 몇 살에 어느 정도 수준까지는 실력이 되어야 하고 이런 정보들을 얻을 수 있을 것입니다.

인기가 있는 LOL(League of Legends)을 예로 들면 티어라는 일종의 실력의 등급이라는 것이 있는데 이것이 '어느 수준 이상은 되어야 프로가 될 가능성이 있다'와 같은 이야기가 있다면 자녀의 티어가 어느 정도 인지도 같이 이야기해 보고 실제 가능성이 있는지 이야기해 볼 수 있을 것입니다. 아마도 대부분의 경우 가능하지 않을 것입니다. 게다가 프로 게이머를 직업으로 삼는다면 프로 운동선수와 마찬가지로 상당히 혹독한 연습과 자기관리가 필요합니다.

유튜브를 검색해보면 LOL의 세계적인 스타인 페이커 이상혁 선수가 프로게이머를 꿈꾸는 자녀와 아버지에게 조언을 해주는 방송도 찾을 수 있습니다. 이런 영상을 함께 보는 것도 도움이 될 수 있을 것입니다. 여기서 이상혁 선수는 직업으로 게임을 선택하여 치열한 경쟁을 이겨내는 것에 대해 현실적인 이야기를 해주고 여러 고려해야 할 부분들을 잘 이야기해줍니다. 가장 중요한 것은 결국 게임 실력이라는 것인데 이것이 생각보다 넘어야 하는 기준이 높다는 부분도 있습니다.

사실 청소년들은 이런 부분을 생각하지 못하고 그저 화려함만으로 프로게이머라는 직업을 생각하였을 가능성이 큽니다. 마치 예전에 연예인이 되겠다고 하는 것처럼 말이죠. 그렇다고 부모가 지레짐작하고 "쓸데없는 소리 하지 말고 공부나 해라"라는 식으로 반응해서는 안 됩니다. 부모와 자녀가 함께 고민하고 탐색해보는 과정을 통해 자녀가 스스로 납득하고 다른 진로를 찾는 것과 부모가 자신의 주장을 밀어붙이는 것과는 결과는 비슷해 보이더라도 심리적으로 보면 엄청난 차이가 있습니다. 그리고 이런 과정을 통해 스스로 선택한 것과 부모가 억지로 시켜서 하는 것은 자녀가 성장해가면서 진로와 학업에 대해 가지는 태도에 있어서 큰 차이를 일으킬 수밖에 없습니다.

좀 더 나아가 필요하면 프로게이머를 위한 학원 같은 곳에서 테스트를 받아볼 수도 있습니다. 사실 이렇게 하면 대부분의 경우는 그냥 자신이 게임을 좋아해서 프로게이머를 하고 싶다고 이야기하였을 가능성이 크기 때문에 실제 테스트를 받아보면 자신이 프로게이머가 되기 어렵다는 것을 알고 포기하는 경우가 많을 것입니다. 실제로 프로지망생들과 자신이 게임을 해보면 자신의 수준을 직접 느낄 수 있을 테니까요. 그렇다면 프로게이머가 아닌 다른 원하는 직업을 다시금 찾아볼 수 있을 것입니다. 예컨대 게임을 좋아한다면 프로게이머 대신 게임 개발자를 목표로 삼아볼 수도 있겠죠. 이와 같은 과정을 통해 진로를 계속해서 탐색해나가는 것이 중요합니다.

반면, 정말 재능이 있어서 가능성이 있다면 이를 밀어줄 수도 있겠죠. 사실 중요한 것은 부모가 원하는 직업을 자녀가 가지도록 유도하는 것이 아닌, 정말로 자녀가 원하는 직업을 같이 탐색하고 밀어주는 것입니다. 사실 자녀가 재능이 있고 가능성이 있다고 하더라도 프로게이머가 되겠다고 하면 부모는 고민을 할 것입니다. 예체능이나 비교적 일반적이라고 생각되는 일이 아닌 진로를 자녀가 원하면 부모로서 현실적으로 여러 고민이 되는 것은 당연합니다. 물론 현실적인 부분도 고려해야겠지만 가능하다면 우선은 자녀의 꿈을 믿어주고 지원해주는 것이 좋다고 생각합니다. 내 자녀가 세계적인 LOL 프로게이머로서 전 세계 게이머들의 우상처럼 여겨지는 페이커 이상혁 선수나 김연아 선수 같은 사람이 될지도 모르는 일이니까요.

더 중요한 것은 특정한 직업을 당장 결정하는 것보다도 이와 같은 과정을 부모가 성의 있게 자녀와 같이 해주는 것입니다. 여기까지 읽으시면 부모님들은 대부분 말이 쉽지 그게 되겠냐는 생각이 드실지도 모르겠습니다. 저도 부모로서 참 쉽지 않은 과정이라는 생각이 듭니다. 하지만 부모가 자녀가 진로에 대해 탐색하고 관련된 경험을 할 수 있도록 지원해주는 것은 정말 중요합니다. 앞서 이야기한 예처럼 프로게이머 학원을 알아보고 테스트를 받아본다든지 하는 것들도 자녀가 스스로 하기에는 쉽지 않은 일이기 때문입니다.

쉽지 않은 일이긴 하나 이런 과정을 통해 자녀가 스스로 자신의 진로에 대해 진지하게 고민하고 찾아 나가는 과정을 거친다면 자신이 원하는 일을 찾고 스스로 발전시켜나가는 자녀로 키울 수 있을 것이며, 그렇다면 이 정도 투자는 아깝지 않다고 생각합니다. 박지성 선수의 세계적인 성공 뒤에는 거의 매니저처럼 모든 것을 챙겨준 아버지가 있었다는 점을 생각해 보면 부모 역할의 중요성을 알 수 있을 것입니다.

상담을 하다 보면 자신이 원하던 진로가 있었는데 이를 부모가 그냥 무작정 못하게 한 것이 한이 되어 그 이후로 계속 미련이 남아 학업이나 다른 진로에 집중하지 못하는 모습을 많이 만나게 됩니다. 심지어는 우울증과 같은 정신과적인 증상이 나타나기도 합니다. 앞서 예에서도 마찬가지로 프로게이머가 되겠다는 아이를 학원까지 데려가 보고 테스트를 받아보고 본인이 다른 진로를 선택하게 되는 것과 부모가 그냥 안 된다고 한 것과는 정말 큰 차이가 나타나게 됩니다. 전자의 경우는 스스로 납득하고 다른 진로를 탐색하고 다시 자신감과 부모에 대한 믿음에 기반을 두고 새로운 탐색을 할 수 있을 것이고 후자의 경우는 그저 자신의 욕구를 억누른 채 불안정하게 생활해 나갈 가능성이 있게 됩니다.

실제 가능한 대화 예를 한번 살펴보겠습니다.

대화법 포인트!

자녀의 관심사에 같이 관심을 가지고 알아보려고 노력해주세요.

사례로 보는 대화법

자녀: 엄마, 저는 프로게이머가 되고 싶어요.

부모: 아 그래? ㅇㅇ이는 뭐 때문에 프로게이머가 되고 싶어?

자녀: 멋있고 게임도 많이 할 수 있잖아요. 제가 게임도 친구들보다 잘하고요.

부모: 그래? ㅇㅇ이는 무슨 게임의 프로게이머가 되고 싶은데?

자녀: 저는 ㅇㅇ게임을 하고 싶어요.

부모: ㅇㅇ게임이 좋은 이유가 뭐야?

자녀: 음 그냥 재미있고 제가 잘해서요.

부모: 그래. 그러면 ㅇㅇ게임의 프로게이머는 유명한 사람이 누가 있어? ㅇㅇ이는 누구를 좋아해?

자녀: ㅇㅇ선수를 좋아해요. 엄청 게임을 잘 해요.

부모: 그렇구나. 그런데 프로게이머가 되기 위해서는 뭘 해야 하는지 알고 있니?

자녀: 글쎄요. 그냥 게임 잘하고 학원 다니고 그러면 되는 거 아니에요?

부모: 그렇긴 하지만 생각보다 준비할 게 많을 것 같은데. 그러면 ○○이가 좋아하는 게임의 선수들은 프로게이머가 되고 싶은 친구들에게 뭐라고 얘기해주는지 한번 찾아볼까?

자녀: 네.

부모: (영상 시청 후) 생각보다 준비해야 할 것도 많고 게임도 지금보다 티어(일종의 게임 실력 등급)도 훨씬 높아야 할 것 같은데 ○○이는 잘할 수 있을 것 같아?

자녀: 모르겠어요. 그 정도로 게임을 잘하는 것 같지는 않은데…

부모: 그렇구나. 프로게이머가 되는 것이 생각보다 힘들고 경쟁도 치열한데 정말 프로게이머가 되는 것이 좋을지 한번 계속 알아보자.

　

위의 예와 달리 자녀가 재능을 가지고 있고 정말 게임을 잘 할 수도 있습니다. 그런 경우는 프로게이머 학원과 같은 곳에서 전문가의 테스트를 받아보는 것도 좋은 방법입니다. 단칼에 되고 안 되고를 결정해주는 것보다는 계속해서 함께 알아보고 자녀의 관심사에 관심을 보여주는 태도가 중요합니다. 그러다 보면 정말 이게 가능한 진로인지 그렇지 않은지는 자연스럽게 드러나게 됩니다. 다만 자녀의 의사에 반해서 부모가 억지로 방향을 설정하려고 하는 것만은 피해야 한다고 할 수 있겠습니다.

그렇다면 앞서 말한 흥미, 적성, 직업 가치관을 좀 더 구체적으로 탐색해보는 방법은 뭐가 있을까요? 우리나라의 경우 국가에서 제공하는 커리어넷의 서비스를 통해 무료로 심리검사를 진행할 수 있습니다. 부모가 이에 대해 어느 정도 이해를 하고 있는 상태에서 자녀와 함께 검사를 진행해보고 결과를 같이 이야기해 본다면 자녀의 진로발달 및 성숙에 큰 도움이 될 수 있을 것입니다.

(커리어넷: https://www.career.go.kr/cnet/front/main/main.do)

커리어넷에서는 직업적성검사, 직업 가치관검사, 진로성숙도검사, 직업 흥미검사(K), 직업 흥미검사(H), 진로개발역량검사를 제공하고 있습니다. 가능하면 여러 검사를 해보고 종합적으로 살펴보는 것이 더 도움이 될 것입니다. 이처럼 제공되는 검사를 진행해보고 결과를 같이 보고 이야기를 나눠보는 것이 자녀의 진로발달에 도움이 될 것이라고 생각합니다.

또한, 여유가 있다면 전문가의 해석을 받아보는 것이 더 도움이 되는 접근이 될 수 있습니다. 각 지역의 청소년상담복지센터에서 진로와 관련된 상담도 가능하기 때문에 진로상담 및 진로 관련 심리검사, 그리고 부모 상담도 받아보게 되면 자녀의 진로를 구체적으로 수립하는 데 있어서 큰 도움이 될 수 있을 것입니다.

그리고 이런 과정을 부모가 자신과 함께해준다는 것 자체가 자녀가 자신의 진로를 부모가 중요하게 여긴다고 느끼게 해주고 이것은 자녀가 자신의 진로에 있어서 진지한 태도로 임하게 하는 것으로 이어지게 됩니다. 이처럼 부모가 자녀의 진로와 일, 앞으로 방향에 대해 적극적으로 관심을 가지고 함께하려는 자세와 실천을 보여준다면 자녀는 자연스럽게 자신의 진로를 중요하게 여기고 자신에게 더 도움이 되는 선택을 하기 위해 노력하게 될 것입니다. 그리고 자연스럽게 진로발달과 진로성숙으로 이어질 수 있을 것입니다.

◆◆◆

05

"너는 뭘 좋아하니?" 부모의 욕구를 내려놓고 자녀에게 진심으로 관심을 가지고 대화하는 방법

자녀에게 진심으로 관심을 가지고 자녀가 원하는 것이 무엇인지 살펴 보는 것이 초등학교 시기에는 매우 중요합니다. 그리고 이와 관련하여 여러 활동을 통해 관심사를 찾고 이 관심사와 관련된 활동을 통해 관심 과 흥미를 발달시키는 것이 중요합니다. 그런데 여기서 예상외로 방해 요인으로 작용하는 것이 바로 부모의 욕구입니다.

부모는 사실 자녀가 어떤 직업을 가지기를 원하거나 아니면 적어도 어떠한 특성을 가진 직업 중에서 직업을 가지기를 바라는 마음이 있을 수 있습니다. 이는 부모로서 자녀가 잘되길 바라는 자연스러운 마음에 서 나온 것으로 꼭 잘못되었다고 할 수는 없을 수 있습니다. 하지만 이 런 마음이 오히려 자녀의 진로탐색을 방해하는 요소가 될 수 있습니다.

초등학생 시기는 여러 가지 경험을 하고 자신에게 맞는 방향성을 조금씩 찾아가는 것이 중요하다고 할 수 있습니다. 계속해서 강조하지만, 현대사회에서 일의 세계는 지속적으로 변해나가고 있고 그 안에서 중심을 잡기 위해서는 자신이 좋아하는 것 그리고 그것을 발전시켜서 자신만의 것을 만드는 것이 중요하다고 할 수 있습니다.

이전에는 사회가 어느 정도 정해진 것들이 있고 예측이 가능한 부분이 있었습니다. 그런데 이제는 시대가 바뀌어 미래를 예측하는 것이 점점 어려워지고 있습니다. 진로에서도 어떤 일이 더 유망할지 어떤 일이 좋을지 예측하기가 힘들어지고 있습니다. 대표적으로 유튜버라든지 크리에이터 같은 직업은 얼마 전까지는 직업이 될 것이라고도 대부분 상상하지 못한 일들입니다.

한편 현대사회는 다양한 가치가 모두 존중받는 특성을 강하게 가진 사회입니다. 그러므로 자신이 잘하는 것이 하나만 있으면 그것을 일로 삼아 살아갈 수 있습니다. 또한, 이런 경우가 그렇지 않은 경우보다 일에서 그리고 삶에서의 만족도 역시 더 높다고 할 수 있습니다. 그러므로 자녀가 행복한 삶을 살기를 원한다면 자신이 원하는 일과 삶에 대해 일찍부터 탐색하고 고민하여 방향성을 잘 잡고 계속 꾸준히 해나갈 수 있도록 돕는 것이 필요합니다.

초등학교 시기는 이런 기반을 다지는 시기라고 할 수 있습니다. 물론 초등학교 때 세운 목표가 바뀌는 것은 매우 흔한 일입니다. 그렇지만 과정이 중요하다고 할 수 있습니다. 자신이 탐색을 통해 목표를 수립하고 이를 이루기 위해 이런저런 노력과 활동을 해본 경험이 매우 중요하다고 할 수 있습니다.

그런 과정을 한번 경험하면 그 결과가 자신에게 잘 맞지 않는다고 여겨지더라도 다른 방향성을 또 탐색할 수 있는 능력이 생기는 것이라고 할 수 있습니다. 초등학교 시기에는 이런 능력을 길러주는 것이 어떤 직업을 선택하는 것보다도 더 중요하다고 할 수 있습니다.

또한, 현대사회에서는 이제 평생직장이나 평생 한 업종에서만 일하는 일이 별로 없어질 가능성이 큽니다. 평생직장이라는 말은 이제 거의 없어진 단어가 된 지 오래고, 평생 동안 한 분야의 일에 종사할 가능성도 점점 낮아지고 있습니다. 왜냐하면, 아예 그 분야가 없어지거나 변화될 가능성이 크기 때문입니다.

그러므로 이런 변화에 민첩하게 대응하는 것이 현대 그리고 미래 사회에 아주 중요한 역량이 된다고 할 수 있습니다. 자신이 좋아하는 일을 가지고 하나의 방향성을 향해 나아가면서 상황에 맞게 적응적인 변화를 융통성을 가지고 할 수 있는 것이 중요합니다.

그러한 능력을 갖추기 위해서는 어린 시절부터 자신이 원하는 것을 탐색하고 경험해보고 그 결과에 따라 다음 행동을 이어나가는 이런 과정을 부모가 지도해주고 함께해주는 것이 중요하다고 할 수 있습니다.

그런데 우리나라의 부모들은 여전히 이런 과정보다는 딱 어떤 직업을 정해서 공부하거나 노력해나가기를 바라고 심한 경우는 이를 자녀에게 강요하여 큰 갈등이 생기기도 합니다. 이런 경우 부모세대에는 어느 정도 부모의 뜻을 따르기도 했지만, 현재의 세대는 계속 이야기하는 것처럼 이런 부모의 뜻을 따르기보다는 자기 뜻대로 살아가면서 부모와 갈등만 생겨나는 경우가 많다고 할 수 있습니다. 또한, 이런 갈등으로 인해 감정적인 소모를 겪고 일과 진로에 잘 집중하지 못하여 결국은 적응적으로 살아가기 힘들어지기도 합니다.

그러므로 자녀에게 부모의 욕구대로 어떤 방향을 요구하기보다는 자녀가 원하는 것이 무엇인지 잘 탐색하고 이를 잘 가이드 해주는 방식이 더욱 효과적으로 자녀를 지도하고 대화하는 방법이라고 할 수 있습니다.

그렇다면 좀 더 구체적으로 어떻게 그렇게 할 수 있는지 보면 무엇보다도 자녀의 관심사에 진심으로 관심을 가지는 것입니다. 얼핏 듣기에는 쉬운 것 같지만 그렇지 않습니다. 왜냐하면, 아직 자녀는 초등학생이기 때문에 부모가 듣기에는 현실성이 없거나 말도 안 되는 목표를 이야기하기 일쑤일 것입니다.

이런 경우 단칼에 그건 이러이러해서 안 된다고 하지 않고 같이 한번 찾아보고 어려운 이유를 스스로 탐색하고 알아갈 수 있도록 돕는 과정은 부모로서 그야말로 인내심이 필요하고 쉽지 않은 일이라고 할 수 있습니다.

그렇지만 앞서 이야기한 것처럼 결과적으로 어떤 선택을 하느냐보다 초등학교 시기에는 이런 과정을 통해 자립능력과 스스로 탐색하고 결정하고 행동하는 능력을 키워주는 것이 중요하다고 할 수 있습니다.

아래의 예를 통해서 한번 살펴보겠습니다. 부모는 자녀가 말하는 것이 별로 마음에 들지 않더라도 자녀의 말을 잘 따라가는 것이 중요한 포인트가 된다고 할 수 있습니다.

대화법 포인트!

자녀가 하는 말이 자기 생각과 다르거나 현실성이 없다고 여겨져도 끝까지 경청해주고 자녀가 탐색해볼 수 있도록 도와주세요.

사례로 보는 대화법

부모: ㅇㅇ이는 커서 뭐가 되고 싶어?

자녀: 음 건물주가 돼서 돈 많이 벌면 좋겠어요.

부모: 아 그래? 건물주가 되면 뭐가 좋을 것 같아?

자녀: 그냥 일 안 해도 돈 계속 받으니까 편하잖아요.

부모: 아 그런가? 그런데 건물주는 사실 건물 관리도 하고 여러 서류작업도 하고 세금도 내고 해야 해서 생각보다 할 일이 많아.

자녀: 그래도 부자잖아요.

부모: 그렇긴 하지만 그렇지 않은 경우도 꽤 있어~

자녀: 그래도 건물주 하고 싶어요.

부모: 그러면 건물주가 되려면 어떻게 해야 할까?

자녀: 우선 건물이 있어야겠죠.

부모: 그래 그러면 건물을 사야 할 텐데 건물이 얼마인지 알아?

자녀: 글쎄요…

부모: 예를 들면 저 건물 같은 경우는 가격이 ㅇㅇ억 원 정도 되는데 그러면 그거를 살 돈이 없는데 어떻게 해?

자녀: 흠…

부모: 그럼 우선 돈을 벌어서 사든지 해야겠지?

자녀: 그렇긴 하네요.

부모: 그러면 우선 어떤 일을 해서 돈을 벌고 그걸로 적당한 건물을 살 수 있을지 생각을 해봐야 하지 않을까?

자녀: 그러게요. 그냥 좋아 보여서 이야기했는데 잘 모르겠네요.

부모: 음 그래. 나중에 건물을 사게 되더라도 일단은 어떤 일을 해서 돈을 벌어야 할 텐데. 여기서 내가 좋아하는 일을 하면 더 좋겠지? ○○이는 무슨 일을 할 때 재미있어?

자녀: 음 저는 역사책 보는 게 재미있는 것 같아요.

부모: 그러면 역사랑 관련된 직업들에 대해 한번 알아보고 경험해 볼 수 있는 게 있는지 찾아볼까?

자녀: 네.

위의 예는 각색된 예로 순조로운 느낌을 주지만 실제로는 바로 자녀가 원하는 것을 이야기하지 않을 수도 있습니다. 그런 경우는 계속해서 부모가 관심을 보여주다 보면 어느 순간 뭔가 이야기가 나올 수 있습니다. 그때 바로 부모가 관심을 가지고 격려해주고 탐색과정을 함께해주는 것이 중요하다고 할 수 있겠습니다.

또한, 위의 예와 같이 초등학생 시기에 많이 나오게 되는 답변이 건물주나 축구선수, 유튜버, 프로게이머, 연예인 등입니다. 화려한 모습을 보고 이런 이야기를 하게 되는데요. 이러한 직업들의 어려움에 대해서는 잘 생각해 보지 못합니다.

이런 부분을 부모가 부드럽게 같이 대화를 나누면서 스스로 생각해 보고 탐색해 볼 수 있도록 대화하는 것이 앞서 이야기한 자녀의 자립능력과 탐색능력을 키워주는 데 중요하다고 할 수 있습니다.

06

♦ ♦ ♦

"엄마, 아빠는 일에 대해서 이렇게 생각해"
일의 의미와 가치관에 대한 대화법

현대의 일에 있어서 점점 중요해지고 있는 것이 가치관이나 일의 의미와 같은 내적인 요인입니다. 과거에는 우리나라가 고도 성장기를 거치면서 일은 자아실현의 도구나 내적인 의미보다는 돈을 벌기 위해 혹은 먹고 살기 위해 해야 하는 것으로서 급여나 근무조건 같은 외적인 조건이 더 중요시되는 경향이 있었습니다.

하지만 우리나라도 이제 어느 정도 성장하고 안정화 되면서 점점 더 일의 의미나 일에서 중요시하는 가치관과 같은 내적인 요소들이 중요해지고 있습니다. 이런 부분들이 잘 충족되지 않을 때 지금의 청소년, 청년 세대는 아무리 남들이 보기에 좋은 외적인 조건을 갖춘 일도 바로 그만두곤 합니다. 그리고 이런 사례들이 점점 더 빈번하게 생겨나고 있습니다.

대표적으로 명문대학의 의과대학에서도 자퇴를 하는가 하면 3년 동안 준비해서 어렵게 합격한 공무원을 3개월도 안 되어 그만둬 버리기도 합니다. 이런 경우에 대부분 자신이 생각하지 못한 일의 환경 때문인 경우가 많은데 그중에서도 특히 자신이 중요시하는 의미나 가치관 같은 것이 맞지 않아서인 경우도 많습니다.

또 다른 단적인 예로 조선소에서는 초과근무를 해서 돈을 더 많이 벌수 있도록 초과근무를 많이 하도록 해주면 과거에는 근로자들이 이를 선호하였습니다. 그러나 지금 세대들은 그런 이야기를 하는 것 자체에 경악하고 일을 그만두고 있는 실정입니다. 이 경우에는 소득과 워라밸(Work and Life Balance)에 대한 가치관의 차이가 작용한 것이라고 할 수 있습니다. 과거에는 앞서 말한 것처럼 소득이 중요한 기준이었기 때문에 일을 더 하더라도 돈을 더 많이 버는 것을 선택했다면 지금은 대부분 일과 삶의 균형을 더 중요시하고 일 이외의 활동도 중요시하기 때문에 일에 너무 많은 시간을 할애하지 않기를 바라기도 하는 것입니다.

이와 같은 일에 대한 가치관이나 어떤 것에 더 의미를 둘 것이냐 하는 것은 기질적인 면도 있지만 어린 시절의 경험과 양육환경, 부모와의 상호작용을 통해 형성되고 발달하는 면이 크다고 할 수 있습니다. 그러므로 이에 대해 자녀가 충분히 고민해 보고 생각해 볼 수 있도록 어린 시절부터 부모가 이에 관해 이야기를 나눠주고 자신이 가지고 있는 가치관이나 일의 의미에 대해 자녀에게 이야기해주는 것이 자녀의 진로발달에 도움이 된다고 할 수 있겠습니다.

어린 시절에 부모가 자기 일에서 중요하게 여기는 의미나 가치관에 관해 이야기해준다면 자녀도 단순히 일이 돈을 벌기 위해 하는 것이 아니라 이를 통해 사회적인 기여를 하고 자아실현을 하는 수단으로써 인식할 수 있을 것입니다. 그렇다면 성장해 나가면서 더욱 진로에 있어서 성숙한 자세를 가질 수 있을 것입니다. 그리고 이런 진로성숙도가 앞으로 진로를 탐색하고 설계하며 필요한 노력을 지속해나가는 데 든든한 토대가 된다고 할 수 있습니다.

현대의 또 다른 특성은 SNS의 발달로 대표되는 매체의 발달로 인해 보이는 것을 중요시하게 된다는 것입니다. 일에서도 이런 면이 작용하여 자신이 원하는 일의 모습을 깊이 고민하기보다는 남들이 보기 좋은 직업이나 돈을 많이 버는 직업을 단순히 원하기도 합니다. 다행히 그런 일이 자신에게 잘 맞는다면 그래도 다행이지만 그렇지 않은 경우 힘들게 취업을 하거나 해당 전공의 학교에 진학하고도 방황을 하고 결국에는 그만두게 되는 경우들이 많이 생깁니다. 이런 경우 상당한 시행착오를 겪고 이를 탐색의 과정으로 삼을 수 있다면 그래도 좋겠지만 그렇지 않은 경우 정말 오랜 시간 방황을 하며 방향을 잡지 못하기도 합니다.

그러므로 일의 내적인 요소인 일의 의미나 가치관과 같은 부분을 어린 시절부터 단단하게 형성할 수 있도록 돕는 것이 자녀의 진로발달에 중요한 요소가 된다고 할 수 있습니다.

가장 대표적으로 생각해 볼 수 있는 것은 부모가 자기 일에 대해 가지는 의미나 가치관 등을 자녀와 이야기해 보는 것입니다. 부모가 의사라면 환자를 살리는 숭고한 일이라는 의미에 관해 이야기해 볼 수 있을 것입니다. 또는 교사라면 교육을 통해 스스로 만족감과 보람을 느끼며 다른 사람의 성장을 돕는 의미에 관해 이야기해 볼 수 있습니다.

이런 부분들이 어린 시절에 이뤄지는 것이 가장 좋다고 여겨지는 것이 자녀들도 이런 이야기 없이 커갈수록 앞서 말한 외적인 요인을 더 중요시하는 경향성이 점점 커집니다. 이유는 앞서 말한 것과 같이 매체의 발달로 인해 화려한 모습들을 보게 되고 주위 친구들의 이야기 등에서도 이런 외적인 요인이 중심을 이루는 경우가 많기 때문입니다.

물론 일하는 환경의 조건이 되는 소득이나 근무시간 등의 외적 조건도 중요하게 고려해야 하는 부분이기는 합니다. 그렇지만 그전에 이 일이 자신에게 맞는 일인지 먼저 내적인 부분에서 탐색이 이뤄지고 그 토대 위에서 외적인 조건에 대한 고려가 이뤄지는 것이 더 안정적이라고 할 수 있습니다. 그러므로 이런 외적인 조건에 관한 관심이 많이 생기기 전에 부모가 자녀와 함께 일의 의미나 가치관과 같은 내적인 요인에 관해 이야기하고 자녀도 이에 대해 나름의 기준을 생각해 볼 수 있도록 돕는다면 자녀의 진로발달에 크게 도움이 될 것입니다.

그리고 앞서 말한 것과 같은 진로에서의 커다란 시행착오나 실수를 하는 위험을 최대한 줄일 수 있을 것입니다. 다른 부분도 비슷한 면이 있지만, 진로에서도 마찬가지로 자녀의 진로발달과 진로성숙을 돕는 방법은 자녀가 어릴수록 부모가 이런 부분에 관해 이야기를 더 나누고 부모가 자기 일에서 만족하고 보람을 느끼는 모습을 보여주는 것입니다.

진로에서도 어린 시절 자녀에게 가장 큰 영향을 미치는 요인은 부모와 부모의 직업 그리고 부모의 직업에 대한 태도라고 할 수 있습니다. 부모가 일을 그저 고통스럽고 돈을 벌기 위해 억지로 하는 것이라는 모습을 보인다면 은연중에 자녀도 그런 인식을 내면화하게 됩니다. 그러므로 부모가 앞서 말한 것과 같은 부분들에 대해 자녀와 대화를 많이 나누는 것이 좋다고 할 수 있습니다.

그리고 자녀와의 대화를 통해서 자녀가 어떠한 가치나 의미를 중요시한다면 이와 관련된 활동을 우선 경험해보고 탐색할 수 있도록 방향을 설정할 수도 있습니다. 이런 과정을 통해 자녀의 진로가 발달하고 성숙해 간다고 할 수 있겠습니다.

대화법 포인트!

부모가 우선 자신의 일에 대해 생각해 보고 자기 일에서 어떤 긍정적인 경험을 하고 어떤 의미를 부여하고 있는지 생각해 보는 것이 필요합니다. 그리고 또 일에서 어떤 가치관을 중요시하고 있는지도 생각해 보고 이를 기반으로 자녀와 대화를 나누는 것이 중요합니다.

우리나라의 경우는 여전히 부모도 이런 생각을 못 해본 경우들이 있을 수 있습니다. 그렇다면 먼저 부모가 이에 대해 생각해 보고 자녀와 함께 이에 대해 같이 이야기를 나눈다면 부모-자녀 관계에도 도움이 되고 부모와 자녀 모두 진로의 측면에서 서로에게 도움이 될 수 있을 것입니다.

사례로 보는 대화법

부모: ○○아, ○○이는 일이 뭐라고 생각해?

자녀: 글쎄, 그냥 돈 벌려고 하는 거 아니에요?

부모: 그래. 돈을 버는 것도 일에서 중요한 부분이긴 하지. 그런데 돈을 버는 것 외에도 일은 우리에게 중요한 부분이 있어.

자녀: 그래요?

부모: 그래. 예를 들면 엄마는 선생님인데 돈을 버는 것도 좋지만 ㅇㅇ이 같은 학생들을 가르치는 것이 엄마한테는 참 보람 있고 의미가 있게 느껴지거든. 누군가를 돕는다는 것이 엄마는 참 좋은 것 같아. ㅇㅇ이는 어때?

자녀: 음. 그런 것 같기도 한데, 저는 가르치는 것보다는 돈을 좀 많이 벌고 싶기도 해요.

부모: 그래? ㅇㅇ이는 일을 통해 돈을 많이 버는 게 중요한 모양이네? 그건 뭐 때문에 그래?

자녀: 돈을 많이 벌어서 제가 하고 싶은 일을 하고 싶어요.

부모: 그렇구나. ㅇㅇ이는 일을 통해서 하고 싶은 것을 하기 위한 돈을 벌고 싶은 거구나?

자녀: 네.

부모: 돈을 벌어서 뭘 하고 싶은데?

자녀: 돈을 벌어서 놀러 가고 싶어요.

부모: 그렇구나. 그런데 어떤 일은 돈을 많이 벌기는 하는데 돈을 버느라 너무 바빠서 놀러 갈 시간이 없기도 해.

자녀: 아 그래요? 그럼 그런 건 싫어요.

부모: 그래. 돈도 있고 또 어떤 종류의 일을 했으면 좋겠어?

자녀: 음. 저는 그냥 제가 좀 하고 싶은 일을 하고 싶어요.

부모: 그래. 자기가 하고 싶은 일을 하는 것도 중요하지. 그런데 ㅇㅇ이는 하고 싶은 일이 있어?

자녀: 아직 잘 모르겠어요.

부모: 그래. 지금은 아직 잘 모르는 게 당연한데, 그러면 ㅇㅇ이가 하고 싶으면서도 어느 정도 돈을 벌고, 여유도 약간 있는 그런 일을 한번 찾아볼까?

자녀: 네.

부모: 그래. 그런 일이 뭐가 있을지 같이 찾아보고, 하나씩 한번 체험도 해보고 하자.

이번 대화의 예시를 보면 아직 어린 자녀와 대화를 통해 비교적 추상적인 개념인 일의 의미나 가치관과 같은 것에 대해 함께 이야기 나누기가 쉽지는 않은 일이라는 생각도 하게 됩니다. 그렇더라도 아이가 이해할 수 있는 언어로 이와 관련된 대화를 꾸준히 해주는 것이 앞서 계속 이야기한 것처럼 자녀의 진로발달과 성숙을 도울 수 있는 일이 된다고 할 수 있습니다.

위의 예시만 보더라도 그래도 자녀가 자신이 하고 싶은 일을 하고 싶다는 이야기를 한 것도 큰 의미가 있습니다. 진로의 관점에서 보면 자신이 하고 싶은 일을 할 것인지 아니면 여러 외적인 조건을 더 중요시할지는 중요한 부분이기 때문입니다. 이에 따라 탐색 방향도 많이 달라질 수 있습니다. 그러므로 평소에 이런 대화를 통해서 자녀가 스스로 원하는 방향이 어떤 방향인지 계속 생각하고 정리할 수 있도록 돕고 이를 기반으로 앞으로 진로탐색을 해나갈 수 있도록 하는 것이 효과적인 진로지도 방법이 될 수 있을 것입니다.

◆◆◆

07

"축구선수가 되고 싶다고 하는데 운동을 시작해도 될까요?"
예체능을 진로로 삼아도 될지 고민되는 경우

초등학교 시기에는 다양한 경험을 하는 것이 중요합니다. 그렇지만 이와 더불어 어느 정도 방향성을 잡아가는 것도 중요합니다. 초등학생은 발달 특성상 아직 현실적인 실현 가능성을 고려하지 않고 미래의 직업을 생각하는 경우들이 있습니다.

아직 초등학생이기 때문에 이런 것이 자연스러운 모습이라는 것을 부모가 인식하고 이에 대해 적절하게 대화하는 것이 중요합니다. 예를 들어 초등학생 자녀가 대통령이 되겠다고 한다면 정말 대통령이 되는 방법을 현실적으로 따져보고 실제로 가능 여부에 관해 이야기하기보다는 그전에 우선 자녀가 리더 역할을 하고 싶어 하는 마음에 초점을 맞춰 이에 대해 대화를 나누는 것이 중요하다고 할 수 있습니다.

이와 비슷한 맥락으로 다른 것에는 흥미가 없는데 축구나 운동을 친구들과 하는 것을 좋아해서 축구선수가 되겠다고 하는 것이 초등학교 학생들에게 많이 나타나는 모습입니다. 이에 대해 부모가 섣부르게 축구선수가 되는 것이 얼마나 어려운지 아느냐고 하면서 그런 이야기를 아예 하지 못하게 하거나 또 반대로 너무 나서서 미래의 직업을 축구선수로 바로 단정하고 축구선수가 되기 위해 필요한 활동들을 시작하는 것도 적절하지 않은 경우가 있습니다.

이런 경우 먼저 살펴봐야 하는 것이 정말 축구선수를 직업으로 할 정도로 좋아하고 재능이 있는지를 살펴볼 필요성이 있습니다. 많은 경우에 공부에 흥미를 느끼지 못하거나 다른 진로와 관련된 경험이 부족한 경우에 단순하게 자신이 축구를 좋아하니까 이런 직업을 이야기하는 경우가 있습니다.

특히 남학생들의 경우 아무래도 친구들과 운동을 많이 하게 되기 때문에 이런 이야기를 좀 더 많이 하는 경향이 있는 것 같습니다. 이런 경우 우선 아이가 친구들과 잘 노는 것을 격려해줄 필요가 있습니다. 그러면서 자녀가 운동뿐만 아니라 좀 더 다양한 경험을 할 수 있도록 다양한 직업과 관련된 활동을 해보고 이와 관련해서 이야기를 나눠보는 것이 먼저 필요합니다.

초등학생의 경우는 흥미나 진로에 대한 생각이 시시각각 변화하기도 하므로 다른 경험을 했을 때 다른 것이 더 좋다고 여겨진다면 그쪽으로 탐색을 계속해볼 수 있습니다.

먼저 이렇게 하고 나서도 자녀가 축구선수가 되고 싶다고 이야기를 한다면 이에 대해 좀 더 명확하게 이야기를 나눌 필요가 있습니다. 왜냐하면, 축구선수를 포함한 예체능의 경우 우리나라에서는 여전히 직업으로 삼기 위해서는 빠른 시기에 전문적인 훈련과 교육을 받을 필요성이 있기 때문입니다.

그리고 재능이 있는지도 프로축구선수나 예술 쪽 일을 하기 위해서는 중요한 요인이 됩니다. 그러므로 재능이 있는지도 빨리 확인을 해보고 이쪽으로 진로로 삼을 것인지 아닌지를 결정하는 것이 중요합니다. 이번 장에서는 축구를 중심으로 이야기하지만 다른 체육선수나 예체능을 전문적으로 하는 진로에서 비슷한 맥락으로 적용되는 이야기라고 보시면 좋을 것 같습니다.

부모가 이런 부분에 신경을 쓰지 못하거나 어떻게 되겠거니 하는 마음으로 시간을 보내다 보면 자녀는 계속 축구선수를 꿈으로 가지고 중학교 고학년이나 고등학생이 될 때까지 전문적인 개입이나 훈련을 받지 않고 지내다가 고등학생이 되어서야 현실적으로 어렵다는 이야기를 듣고 크게 좌절하여 방황하게 되는 경우들이 발생합니다.

이런 경우 자녀 마음의 상처가 커서 이를 회복하기 상당히 어려운 경우들이 발생합니다. 그러므로 진로에 대한 탐색을 꽤 하였는데도 자녀가 운동선수나 예체능을 전문적으로 하는 진로를 계속해서 이야기한다면 이에 대해 명확한 평가가 필요합니다.

가장 쉽게 생각할 수 있는 것이 전문적인 훈련을 한동안 받아보고 이에 대한 평가를 전문가를 통해 받아보는 것입니다.

예를 들면 피아노를 하겠다고 한다면 전문적인 피아노 레슨을 받아보고 자녀가 피아니스트로 활동할 정도가 되는지 평가를 받아보는 것입니다. 체육의 경우 축구라고 한다면 전문적인 축구교실 선수반과 같은 곳을 다녀보고 코치 등을 통해 평가를 받아보는 방법이 있을 수 있겠습니다.

이런 과정이 중요한 이유는 부모가 자녀에 대한 평가를 가지고 자녀에게 너는 아무래도 전문적인 축구선수가 되기는 어렵겠다 혹은 그 길은 너무 좁아서 직업으로 삼지 않는 것이 좋겠다는 등의 조언을 하는 경우 이 말이 실제로 맞다고 하더라도 자녀는 부모가 자신을 믿어주지 않는다고 여겨 상처를 받거나 부모-자녀 관계를 손상시킬 우려가 있습니다.

실제로 이런 경우 계속해서 미련이 남아서 고등학생이 되어서도 제대로 자신의 미래를 그리지 못하고 방황하는 경우가 발생하는 것을 종종 보았습니다. 그러므로 일단 배울 기회를 충분히 주고 전문가의 평가를 받아본다면 자녀도 이에 대해 수긍할 수 있을 것이고 부모의 주관적인 평가가 아닌 전문가의 평가를 확보할 수 있다는 장점도 있습니다.

여기서 강조하고 싶은 점은 이런 활동은 되도록 빨리하는 것이 좋다는 것입니다. 시간이 지나갈수록 더욱 조급해지면서 적절한 결정을 내리기 어려워지는 경우가 많기 때문입니다.

그래서 이러한 활동을 통해 자녀가 아쉽지만, 선수가 될 정도는 되지 않는다는 이야기를 듣는다면 이와 관련해서 자녀와 이야기를 나눠볼 수 있을 것입니다. 전문적인 선수는 되지 못한다고 해도 체육과 관련된 일을 하는 방향에 관해 이야기해 볼 수도 있을 것입니다.

아니면 꼭 프로 선수가 되는 것이 아니라 체육학과에 진학하여 생활 체육이나 체육교사와 같은 진로를 생각해 볼 수도 있을 것입니다. 이와 같은 과정을 통해 자녀가 어느 정도 자신의 미래를 어린 나이에 선택해 볼 수 있도록 한다면 자녀가 자라나면서 방황하지 않고 안정적으로 비슷한 길을 걸어나갈 수 있을 것입니다.

반대로 자녀가 재능이 있고 전문적인 훈련을 지속해서 받아볼 만하다고 이야기한다면 이와 관련해서 부모가 지원을 해주고 자녀가 확고하게 자신의 진로에 대해 전념할 수 있도록 도와줄 수 있을 것입니다. 그렇게 하면 자녀가 직업적으로 성공할 가능성도 커질 것입니다.

다만 여기서 예체능의 경우 현실적으로 비용이 많이 들 수 있습니다. 그러므로 현실적으로 집에서 지원해 줄 수 있는 수준이 어느 정도인지 전문가와 이야기를 나누고 이런 상황에서도 진로로 계속해 나갈 수 있는지 파악해보는 것이 중요할 수 있습니다.

충분하지는 않지만, 어느 정도 지원을 할 수 있는 경우 이 지원의 수준에 대해 자녀에게 허심탄회하게 미리 이야기하는 것이 중요합니다. 무한정 도와줄 수 있을 것으로 자녀가 여기고 시작했다가 나중에 실망하는 경우가 생길 수 있고 이런 경우에는 더욱 관계가 나빠질 수 있기 때문입니다.

그래서 이런 부분을 이야기하고 집에서 지원해줄 수 있는 것이 이 정도이고 이러이러한 한계들이 예상된다는 이야기를 했을 때 그래도 이 진로를 계속하고 싶은지 대화를 해볼 수 있습니다. 그에 따라 자녀가 자신의 선택으로 계속해나가겠다고 한다면 집에서의 지원이 이상적으로 완벽한 수준이 아니더라도 자녀가 이를 메꿔나가면서 자신의 진로를 안정적으로 걸어나갈 수 있을 것입니다.

예체능의 경우 어린 시절에 어느 정도 방향성을 결정할 필요가 현실적으로 있으므로 자녀가 아직 어리더라도 이런 부분을 부모가 잘 파악해서 정리하고 진로를 어떤 방식으로 계획하고 해나갈지 설정하는 것이 매우 중요하다고 할 수 있습니다.

현실적으로 가능하지 않은 것을 별다른 개입을 하지 않고 자녀가 가능한 것으로 생각하고 있다가 시간이 지날수록 이것이 실질적으로 어렵다는 것을 마주했을 때 이를 받아들이지 못할 가능성이 커지고 부모에 대한 원망이 커질 수 있습니다. 그러므로 이와 관련된 사항들을 부모가 좀 더 기민하게 살펴보고 챙겨서 자녀가 관련된 일을 계속해나가거나 아니면 비슷한 진로 혹은 다른 진로를 생각해 볼 수 있도록 도와주는 것이 중요하다고 할 수 있습니다.

대화법 포인트!

초등학생이기 때문에 자녀가 별생각 없이 좋아 보이거나 지금 가장 좋아하는 활동을 직업으로 단순하게 생각하는 것은 아닌지 확인해 보는 것이 우선 필요합니다. 자녀의 진로에 대한 생각이 확고하다고 여겨진다면 현실적으로 예체능의 경우 자녀의 재능과 집에서 지원해 줄 수 있는 수준이 중요할 수 있습니다.

이런 부분을 전문가와 상의하여 실제로 가능한 수준을 찾고 이를 자녀와 대화를 통해 조율해 나가는 과정이 필요합니다. 그래서 자녀가 현실에 대한 인식을 가진 상태에서 자신의 진로를 지속할지 아니면 다른 대안을 생각할지를 부모와 함께 고민하고 결정할 수 있도록 돕는 것이 중요합니다.

사례로 보는 대화법

자녀: 엄마(아빠) 저 축구선수가 될래요.

부모: 그래? ㅇㅇ이가 축구가 되게 재미있나 보네?

자녀: 네.

부모: 그래? 어떻게 축구선수가 되겠다는 생각을 했어?

자녀: 그냥 친구들이랑 같이 하다 보니까 재미있었어요.

부모: 그래. 그런데 축구를 재미있게 하는 거랑 축구선수가 되는 것은 사실 꽤 차이가 있는 일이야. 사실 축구선수가 되지 않아도 축구는 재미있게 할 수 있지. 그런데 일로서 축구선수가 되는 것은 훨씬 어려운 것일 수도 있어.

자녀: 그래요? 그래도 축구 재미있는데.

부모: 우선 축구선수가 되려면 사실 타고난 능력 같은 것도 중요하고 남들보다 훨씬 더 잘해야 하는 거니까. 그리고 훈련이나 이런 것도 훨씬 힘들게 해야 하는 거지. 그래서 그렇다고 해도 내가 정말 하고 싶은지 생각하는 게 중요해. 그리고 좀 어릴 때부터 시작해야 해서 사실 ㅇㅇ이가 노는 시간도 적어질 수 있고

자녀: 아 그럴 수도 있겠네요. 그래도 한번 해보고 싶긴 한데.

부모: 그래 그럼. 우선 축구를 좀 더 전문적인 선수가 되려고 하는 아이들도 있는 그런 축구교실을 한번 가볼래? 그래서 해보면 어느 정도 네가 선수로 할 만한 정도인지도 알아볼 수 있을 테니까.

자녀: 아 그렇게 이야기하니까, 또 바로 해야 하는지 잘 모르겠네요.

부모: 그래. 그런 마음이 들지? 그런데 사실 축구선수가 되려고 하면 어린 시절부터 계속 훈련을 받아야 하거든. 그래서 이런 훈련을 받을 건지 아닌지 빨리 결정을 하는 게 중요해.

그래서 어떨지 모르지만 한번 아까 말한 그런 곳을 등록해서 다녀보면 어때?

자녀: 음 한번 그래도 해보면 좋을 것 같아요.

부모: 그래. 그리고 거기 가면 전문적인 코치님 감독님들도 있으니까 그분들이 보시기에 어떤 지도 알 수 있고, ○○이도 실제로 선수를 준비하는 아이들과 같이 운동을 해보면 느끼는 것들도 있을 테니까. 한번 해보자.

위의 예시에서처럼 아직 초등학생이면 어리기 때문에 축구선수라는 일에 대해 여러 측면에서 생각해 보지 못했을 가능성이 큽니다. 이런 부분에 대해 부모가 자녀가 생각해 볼 수 있도록 가이드해주는 것도 중요합니다. 이를 통해 자녀가 진로에 대한 시야가 확장되는 면도 있기 때문이죠.

그리고 앞서 이야기한 것과 같이 자녀가 직접 경험해보고, 그리고 다양한 사람들의 의견을 받아서 결정할 수 있도록 방향을 잡고 자녀와 대화를 나누는 것이 중요하다고 할 수 있습니다.

08

◆ ◆ ◆

"자신감 없고 아무것도 시도하지 않으려고 해요"
부모가 답을 알려줘도 움직이지 않는 아이에게

청소년 상담 및 부모님들을 대상으로 한 교육 등을 통해 초등학생 부모님들을 만나보면 많이 하시는 말씀 중 하나가 진로와 관련하여 부모가 명확하게 좋은 방법을 알려주는데 자녀가 관심이 없어 답답하다는 것입니다.

이런 경우는 무엇 때문에 발생하게 되는 것일까요? 이는 아직 자녀가 어린데 부모는 부모의 방식대로 자녀가 이제는 어느 정도 합리적인 사고를 하고 이성적으로 맞는 이야기를 하면 자녀가 납득할 것이라고 여기는 것에서 발생하는 일입니다.

진로와 관련하여서도 부모는 여러 경험이 있으므로 자신이 생각하는 좋은 직업에 관한 이야기나 좋은 직업의 조건 등에 관해 이야기합니다. 그러면 이를 듣고 자녀가 노력하는 것이 합리적인 반응이라고 생각하는 것입니다.

그렇지만 아직 초등학생인 자녀는 이런 과정을 이해하기 어려운 면도 있고 무엇보다도 가장 합리적인 선택을 한다기보다는 자신이 하고 싶은 것을 하고 싶어 하는 마음이 크기 때문입니다. 또한, 이런 특성은 현재의 세대들에게 더욱 두드러지게 나타나고 있는 특성입니다.

그러므로 자녀에게 합리적인 혹은 부모가 좋다고 여겨지는 진로와 관련된 이야기를 하고 자녀가 이를 따르기를 바라는 것은 어떻게 보면 부모의 바람으로 자녀가 원하는 것과는 차이가 있을 수 있습니다.

어떤 경우는 부모가 방향을 제시하면 자녀가 잘 따르는 경우가 있습니다. 이는 자녀의 기질이 비교적 순응적인 경우일 수도 있고 또는 부모가 이야기한 것이 자신의 마음에도 든 경우일 수도 있습니다. 그렇지 않다면 부모가 생각하는 올바른 방향을 자녀가 그대로 받아주기를 원하는 것은 실현되기 쉽지 않은 바람이라고 할 수 있겠습니다.

이런 일이 생기는 또 하나의 이유는 자녀가 초등학생 전에는 그래도 부모의 말을 비교적 잘 따랐으나 이제 차츰 자녀도 자율성과 독립성이 생겨나면서 부모와 다른 자기 생각, 의지, 감정 등을 표현하기 때문입니다. 이런 변화에 부모가 아직 적응하지 못한 모습을 보여주는 것으로 볼 수도 있습니다.

그러면 부모는 자녀가 자신감이 없거나 동기가 부족하다고 여기기도 합니다. 그런데 이는 사실일 수도 있고 그렇지 않을 수도 있습니다.

정말 자녀가 자신감이 부족하여 어떤 것도 시도하기 어려워하는 것인지 아니면 부모의 의견이 마음에 들지 않아 그냥 이를 받아들이지 않는 것인지 살펴볼 필요성이 있습니다. 이에 따라 이런 자녀의 모습에 어떻게 부모가 대화를 하고 양육을 하는 것이 효과적인지 알 수 있기 때문입니다.

먼저 자녀가 자신감이 부족한 경우는 앞서 이야기한 것처럼 부모가 다양한 제안을 하여도 일관적으로 어떠한 것도 해보려고 하지 않거나 관심을 가지지 않는 경우라고 할 수 있습니다. 이런 경우는 진로와 관련된 개입에 앞서 좀 더 심리, 정서적인 개입이 필요하다고 할 수 있습니다. 예컨대 우울하거나 위축되어있는 상태에서는 적절한 진로탐색이 어려워지기 때문입니다. 왜냐하면, 심리, 정서적으로 어려움을 경험하고 있는 동안에는 자신이 무엇을 좋아하는지 무엇에 흥미를 느끼는지보다 이러한 심리적 어려움이 우선하여 느껴지기 때문입니다.

그래서 이러한 경우는 먼저 전문적인 도움을 받아보는 것이 필요할 수 있습니다. 요즘에는 지역의 청소년상담복지센터나 학교의 Wee Class, 교육지원청의 Wee Center 등의 공공기관과 사설상담센터 등 도움을 받을 수 있는 기관이 많이 있습니다. 그래서 해당 기관 등을 통해 심리상담 및 심리검사와 같은 전문적인 개입을 통해 자녀의 현재 상태를 파악해보는 것이 좋습니다. 이런 과정을 통해서 자녀가 심리, 정서적인 어려움이 크다면 이를 먼저 해소하는 것이 필요합니다.

만약 자녀의 심리, 정서적인 어려움이 큰 경우가 아니라면 부모는 부모가 옳다고 여기는 방향 혹은 합리적인 선택이라고 여기는 방향에 관해서만 이야기할 것이 아니라 자녀가 흥미를 느끼는 것들에 먼저 관심을 기울이고 다양한 경험을 자녀가 할 수 있도록 도와주는 것이 필요합니다.

초등학교 시기는 아직 흥미를 탐색하고 발달시키는 과정이기 때문에 무언가 결정을 한다기보다는 다양한 경험을 통해 자신이 좋아하는 것을 찾고 발달시켜 나가는 과정이 더욱 중요합니다. 그러므로 부모가 좋다고 생각한 방향을 자녀가 별로 관심을 가지지 않는다면 자녀가 좋아하는 것이 무엇인지 물어보는 것이 필요할 수 있습니다.

이렇게 물었을 때 자녀가 원하는 방향이 부모가 원하는 방향과 다르다고 하더라도 일단은 자녀의 뜻에 따라 경험을 해보도록 도와주는 것이 좋습니다. 이렇게 하는 것이 부모-자녀 관계에도 도움이 되고 자녀가 그 방향에서 흥미를 느끼는 경우는 계속해서 탐색을 도와주면 되고 그렇지 않은 경우에는 부모에게 솔직하게 이야기하여 다른 탐색을 할 수 있도록 도와줄 수 있습니다.

부모가 이러한 열린 태도를 보이지 않는다면 자녀는 부모에게 자신의 흥미를 솔직하게 이야기하지 못하고 그러다 보면 자신이 원하지 않는 것을 억지로 하거나 혹은 아무것도 원하지 않는 것 같은 모습을 보일 수 있습니다. 그렇게 되면 이는 심리적, 정서적 어려움으로 이어지는 더 큰 문제가 되기도 하므로 초등학생 자녀의 부모는 특히 자녀의 표현에 충분히 공감해주고 여러 탐색과 시도를 격려해줄 필요성이 있다고 할 수 있습니다.

한편 초등학교 자녀의 부모는 자녀가 현실적이지 않은 이야기를 할 때 섣부르게 자녀가 선택을 해버리는 것은 아닌가 걱정하기도 합니다. 그렇지만 이런 걱정은 별로 할 필요가 없는 것이 초등학생은 1년에도 몇 번씩 목표가 바뀌기도 합니다. 이럴 때마다 부모가 충분히 자녀가 탐색할 수 있도록 격려하고 지원해주는 것이 중요합니다. 그래야 자녀의 흥미가 충분히 발달할 수 있는 것입니다.

자녀가 이야기하는 하나하나의 목표 자체보다는 자녀가 다양하게 여러 가지를 탐색해볼 수 있도록 돕는 것이 중요합니다. 그래서 자녀가 말도 안 되는 목표를 가지는 것은 아닌가 걱정하기보다는 자녀가 다양한 경험을 해볼 수 있도록 열린 마음으로 지지해주는 것이 좋습니다. 이런 부모의 태도가 자녀에게 든든하게 여겨지기도 하고 이는 부모-자녀 관계의 향상으로 이어지고 무엇보다도 자녀의 자존감과 자신감을 향상시키게 됩니다.

자녀가 해보고 싶은 것들을 충분히 해보고 이후에 중학교, 고등학교 시기에 좀 더 현실적인 고민을 하고 결정할 수 있도록 도와주는 것이 좋은 방향이라고 할 수 있습니다. 초등학교 시기에 자녀가 충분히 탐색하고 경험해봐야 추후 더욱 현명하고 자신에게 맞는 현실적인 결정을 내릴 수 있게 됩니다. 그러므로 초등학교 시기에는 부모가 원하는 답을 제시하기보다는 자녀가 원하는 여러 가지 것들을 충분히 탐색할 수 있도록 하고 부모가 판단이나 비판을 하기보다는 자녀가 원하는 것을 현실성 여부를 떠나 충분히 경험할 수 있도록 도와주는 것이 필요합니다.

자녀와 진로와 관련된 대화를 함에서도 비슷하게 충분히 자녀가 탐색하고 경험해볼 수 있도록 돕는 것이 중요하다고 할 수 있습니다.

대화법 포인트!

초등학교 시기에는 부모가 원하는 혹은 옳다고 여기는 진로 방향을 고집하기보다는 자녀가 원하는 다양한 것들을 경험하고 탐색할 수 있도록 돕는 것이 중요합니다. 자녀의 말이 비교적 현실적이지 않다고 여겨진다고 하더라도 아직 자녀가 어리기 때문에 자녀가 원하는 것을 충분히 경험해 볼 수 있도록 존중해주고 지원해주는 것이 자녀의 진로발달과 자존감, 자신감 형성에 도움을 준다고 할 수 있습니다.

사례로 보는 대화법

부모: ㅇㅇ이는 앞으로 하고 싶은 일이 있어?

자녀: 잘 모르겠어요.

부모: 그래? ㅇㅇ이는 스마트폰이나 컴퓨터 하는 것을 좋아하니까, 여기에 사용되는 프로그램을 만드는 사람이 되는 건 어때? 앞으로 그런 프로그램 개발자는 전망도 좋을 것 같은데.

자녀: 음… 글쎄요. 그런데 제가 프로그램을 만들 수 있을지 모르겠어요.

부모: 음 그래? 그래도 엄마(아빠)가 보기에는 프로그래머가 꽤 좋은 직업이 될 것 같은데…

자녀: 음… 모르겠어요.

부모: 그렇구나. ㅇㅇ이가 좀 자신이 없는 것 같네.

자녀: 그런 거 같아요. 그리고 그런 건 나중 일이라 잘 모르겠어요.

부모: 그래. 그렇게 느껴질 수 있을 것 같네. 그래도 ㅇㅇ이 나이에는 여러 가지를 경험해봐야 자신이 뭘 좋아하는지도 알 수 있거든? 그러니까 좀 자신 없거나 꺼려져도 한번 해보는 것이 중요한데 ㅇㅇ이는 뭔가 앞으로 하고 싶은 게 있어?

자녀: 잘 모르겠어요. 엄마(아빠)가 이야기한 것처럼 프로그램 만드는 것도 좋을 것도 같은데 잘 할 수 있는지 모르겠어요.

부모: 그래. 지금 생각하기에는 너무 어려운 일일 것처럼 느껴질 수도 있지만 ㅇㅇ이 같은 어린 이가 체험해보고 경험해 볼 수 있게 되어있는 것도 있는데 그런 걸 한번 배워보면 어때?

자녀: 그래요? 너무 어렵지 않나? 그리고 그냥 더 놀고 싶은데.

부모: 음 그래. 너무 어려울까 봐 걱정될 수 있지만 ㅇㅇ이 같은 어린이에게 맞춰진 거라 별로 어렵지는 않을 거야. 그리고 노는 것도 좋지만 이런 것도 한번 해보면 재미있을 수도 있 어. 그래서 별로인 것 같으면 또 다른 것을 해보면 되지. ㅇㅇ이도 이제 여러 가지를 해 보면서 내가 앞으로 뭘 할지 그리고 뭘 좋아하는지 좀 찾아볼 필요도 있으니까 한번 해 보면 어때?

자녀: 흠… 힘들 것 같은데…

부모: 생각보다 재미있다는 아이들도 있고 하니까 한번 해보고 별로인 것 같으면 다른 재미있 는 것을 찾아보면 어때?

자녀: 그러면 한번 해볼게요.

위의 예처럼 자녀의 경우 자신의 흥미나 적성을 아직 잘 모르고 있을 수 있습니다. 그런 경우 부모가 자신이 좋다고 여기는 것만을 고집하기 보다는 자녀와 조율하고 자녀가 받아들일 수 있는 수준으로 자녀에게 설명해주는 것이 필요합니다.

이런 과정을 통해서 자녀가 어느 정도 납득하고 시도해볼 수 있도록 가이드해주는 것이 중요하다고 할 수 있습니다. 자녀가 자신 없어 하는 부분은 격려해주고 한번 경험해보고 그 후에 결정할 수 있도록 지지해 주는 것이 필요하다고 할 수 있습니다. 그렇게 할 때 자녀도 스스로 어느 정도 선택한 것이기 때문에 쉽게 그만두지 않고 탐색을 해볼 수 있습니다.

이런 경험을 통해서 자신이 무엇을 좋아하는지, 어디에 흥미를 느끼고 있는지 그리고 자신에게 잘 맞는 일이 무엇인지 경험을 지속해나가는 것이 중요합니다. 이런 경험이 쌓여서 자녀의 흥미와 진로 방향성이 좀 더 명확해지고 진로발달이 이뤄진다고 할 수 있습니다.

4
Chapter

"구체적인 계획을 세워볼까?"

진로탐색에서 진로설계로 이어지는

중학생 시기

01

◆◆◆

진로탐색과 진로설계가 함께
되어야 하는 시기

중학생 시기는 초등학생 시기에 이어서 진로탐색이 계속되게 됩니다. 그리고 조금씩 자신이 실제로 할 수 있는 일인지 즉, 실현 가능성을 조금씩 따져볼 수 있게 됩니다. 그러므로 부모 역시도 이런 관점으로 진로탐색을 함께해주는 것이 중요합니다. 그러면서 중학교 고학년이 되어갈수록 고등학교진학과 더불어 좀 더 현실적인 부분들을 구체적으로 계획하는 진로설계의 단계로 나아가는 것이 필요합니다.

초등학생 시기에는 실현 가능성보다는 충분히 자신이 하고 싶은 일에 대해 찾아보고 여러 가지를 경험하면서 흥미를 탐색하고 발달시키는 것이 필요합니다. 중학교 1, 2학년 정도까지는 그런 활동이 이어질 수 있지만 조금씩 실제로 가능한 일인지 따져보는 것이 중요합니다. 또한, 아이도 자연스럽게 그런 부분에 관심을 두게 됩니다. 이를 부모가 잘 가이드를 해주는 것이 필요하다고 할 수 있겠습니다.

진로 분야의 대표적인 학자인 Super는 만 11세~만 14세 시기에는 이제 능력에 관한 평가를 할 수 있게 된다고 보았습니다. 즉, 초등학생 시기까지는 그저 자신이 좋아하는 일이 무엇인지만을 생각하였다면 이제는 어떤 일을 자신이 할 수 있는 일인지를 평가하기 시작하게 된다는 것입니다. 그러므로 초등학생 때 최대한 다양한 경험을 하여 자신의 흥미를 발달시킨다면 중학생 시기에는 흥미와 더불어 자신이 이 일을 할 수 있는지 평가해보는 과정을 함께하는 것이 중요합니다.

흔히 생각할 수 있는 예로 초등학생 때는 유튜버가 되고 싶어 하다가 실제로 유튜버가 어떤 일을 하는지 그리고 무엇이 필요한지 따져보게 되면서 생각보다 영상을 촬영하는 것이 어려운 일이고 여러 가지 기획이나 꾸준한 영상 제작을 해야 한다는 것을 알게 되고 다른 일을 찾아보게 되는 과정을 겪을 수 있습니다.

이런 과정에서 부모의 역할은 능력에 대한 평가를 돕고 어떤 일에 필요한 조건이라든지 구체적으로 어떤 일을 하게 되는지를 함께 찾아보고 고민해 보는 것이라고 할 수 있습니다. 이런 과정을 아이가 혼자 하기에는 실질적으로 어려움이 있습니다. 왜냐하면, 정보를 혼자 찾기 어렵고 찾았다고 하여도 그 정보에 대해 이해하거나 해석을 하기에는 아직 발달 단계상 어려움이 있기 때문입니다.

예컨대 어떤 직업을 얻기 위해 대학원에 진학해야 한다는 정보를 찾았을 때 아직 아이는 대학원이 무엇인지 그 개념을 이해하지 못할 가능성이 큽니다. 그렇다면 부모가 이에 관해 설명해주거나 같이 이에 대한 정보를 찾아 아이가 개념을 이해할 수 있도록 돕는 것이 필요합니다. 대학원 진학의 경우 4년제 대학교를 졸업하고도 공부를 더 해야 하는데 자녀가 공부를 그렇게 많이 하는 것이 괜찮은지 지금 공부하는 것에 비추어 자신이 공부에 흥미를 그만큼 두고 있는지 등을 이야기 나눠볼 수 있을 것입니다. 이런 과정이 자연스럽게 아이의 진로발달을 돕게 됩니다.

요즘은 많이 줄어들었지만, 초등학생 때 남자아이들이 많이 가지게 되는 꿈이 축구선수입니다. 단순히 운동이나 축구를 좋아하기 때문에 축구선수가 되고 싶다는 이야기를 합니다. 초등학생까지는 꼭 축구선수가 되지 않는다고 하여도 이런 꿈을 가지는 것은 괜찮다고 생각합니다. 하지만 축구를 좋아하는 것과 정말 축구선수를 진로로 삼는 것은 천지 차이인 일입니다.

그러므로 이런 부분에서는 초등학교 고학년 혹은 늦어도 중학생이 되기 전까지는 확실하게 결론을 내주는 것이 좋습니다. 만약 축구선수가 된다고 막연히 생각하고 부모도 모호한 태도를 보이고 가다 보면 정말로 축구를 진로로 하기 위한 준비는 하지 못하고 공부도 별로 하지 않게 되는 경우가 있습니다. 이렇게 중학생 시절이 어느 정도 지나갈 때쯤에서야 축구는 안 된다고 한다거나 그제야 축구선수가 되기 위한 방법을 찾는다면 이미 진로로 삼기는 늦은 경우가 많습니다. 그러면 아이는 자신의 꿈이 좌절되었다고 생각하고 부모를 원망하게 되어 큰 갈등을 겪는 경우가 종종 있습니다.

이처럼 어느 정도 잠정적인 목표를 세우고 이것이 현실적으로 가능한 것인지 그러면 이를 위한 준비는 어떤 것을 해야 하는지 그리고 정말 자신에게 맞는 일인지 등을 어느 정도 평가하는 작업이 중학생 시절에는 필요합니다. 특히나 앞서 예를 든 축구선수와 같은 예체능 계열의 경우는 중학생 이전에 빨리 결정하여 이에 맞는 교육이 수반될 필요성이 있습니다.

예체능과 같은 특수한 경우가 아니라면 중학생 시절까지도 어느 정도 진로탐색과 함께 흥미를 두는 일들에 대해 하나씩 좀 더 깊게 탐색하고 내가 할 수 있는 일인지 정말 원하는 일인지를 따져보는 과정들을 함께하는 것이 필요합니다. 다만 초등학생 시기에 비해서는 흥미와 더불어 좀 더 실현 가능성과 무엇을 준비해야 하는지에 대해 초점을 맞춰나가는 것이 필요하다고 할 수 있습니다.

요즘에는 유튜브만 들어가도 "ㅇㅇ(직업)이 되는 방법"이라든지 "현직 ㅇㅇ(직업)이 말해주는 ㅇㅇ(직업)되는 방법" 같은 영상들을 많이 찾아볼 수 있습니다. 물론 정확하지 않은 정보들도 있기 때문에 부모가 보고 어느 정도 괜찮은 영상을 걸러서 자녀와 같이 보는 것이 좋습니다. 이렇게 유튜브에서 영상을 찾아보는 것만 하더라도 부모가 관심을 가지고 같이 찾아서 괜찮은 영상을 보면서 현실적인 부분을 피드백해주는 것과 그냥 자녀가 혼자서 아무 영상이나 찾아보는 것과는 많은 차이가 날 수밖에 없습니다. 또한, 부모가 이런 과정을 함께해주는 것은 부모-자녀 관계에도 도움이 될 뿐만 아니라 부모와 함께하는 것이기 때문에 자녀가 진로와 관련된 활동을 해나가는 데 있어서 좀 더 든든하고 안정감을 느낄 수 있게 해준다는 점에서 일석이조의 효과가 있다고 할 수 있습니다.

　이번 장에서는 중학생을 중심으로 중학생 시기 정도에 필요한 진로탐색과 진로설계에 대해 실질적으로 다뤄 나가보겠습니다.

02

♦♦♦

특성화고, 특목고, 일반계(인문계) 고등학교, 그리고 전문대학과 4년제 대학교, 대학원에 대하여 자녀에게 설명하고 스스로 고민하고 선택해 볼 수 있게 해야 한다

중학생 시기는 진로에 있어서 상당히 중요한 시기입니다. 왜냐하면, 우리나라의 입시제도와 교육제도를 생각해 보면 이쯤에는 어느 정도 방향성을 정해야 하는 면이 있기 때문입니다. 단적으로 특성화고, 특목고, 일반계(인문계) 고등학교 등 어디에 진학할 것인지 선택을 해야 하는 부분을 생각해 볼 수 있습니다. 어쨌든 중학교를 졸업하면서 이에 관한 결정을 해야 하는 상황이라고 할 수 있습니다.

그런데 안타깝게도 이에 대해 별로 고민하지 않고 그냥 일반계(인문계) 고등학교에 가거나 성적이 좋지 않은 경우 그냥 갈 수 있는 학교에 가거나 하는 식의 진학을 여전히 많이 하고 있습니다.

계속해서 이야기하지만, 현재 일의 세계와 진로는 지속적으로 변화해 나가고 있어 이전의 방식과는 크게 다르게 변화하고 있는 면이 있습니다. 여전히 대학진학률이 높은 편이긴 하지만 무조건 대학을 가려고 하던 시대도 있었던 반면에 현재는 자신의 적성에 잘 맞는 특성화고등학교를 나오면 일반계(인문계)를 나와 자신과 별로 상관없는 학과의 대학교에 진학하는 것보다 훨씬 자신에게 맞는 진로를 걸어나가는 경우가 수없이 많이 나타나고 있습니다.

예전에는 공부를 못하면 공업고등학교에 가거나 하기도 했으나 현재는 몇몇 특성화고등학교는 내신점수를 거의 만점에 가깝게 받아야 갈 수 있는 경우도 있습니다.

이렇게 세상이 변해가는데 부모는 이에 따라가지 못하고 그냥 일반계(인문계) 고등학교에 가서 알아서 공부해서 대학교에 가면 되는 것으로 생각하는 경우가 의외로 아직도 많습니다. 상담을 통해 이런 사례들을 접하게 될 때마다 그야말로 안타까움을 많이 느꼈습니다.

또한 많은 청소년들이 특성화고, 특목고, 일반계(인문계) 고등학교의 목적과 이들의 차이에 대해 잘 알지 못하는 경우들이 꽤 많습니다. 그러면 어떤 차이가 있는지도 모르는데 어떻게 진로에 대해 고민을 해보고 자신에게 맞는 선택을 할 수 있겠습니까? 이런 사례들을 볼 때마다 참 안타까운 마음이 들었습니다.

이와 더불어 고등학교 진학 후에 대학을 간다면 전문대학을 가는 것과 4년제 대학교에 가는 것의 차이점 그리고 대학교를 졸업하고 대학원 진학을 하는 것 등에 대해 전혀 알지 못하는 경우가 허다합니다. 이는 사실 진로를 설계함에 있어서 가장 기본적인 기준이 되는 부분이라고 할 수도 있는데 이에 대한 정보가 없으니 진로에 대한 탐색과 설계가 세밀하지 못한 경우들이 많습니다.

부모 역시도 이에 대해 잘 모르는 경우가 많아 이에 대한 교육 및 안내가 절실하다는 생각이 들었습니다. 이 부분은 이 책을 쓰게 된 동기 중 하나이기도 합니다.

먼저 이에 대해 자녀가 스스로 알아보고 한다면 좋겠지만 이는 한계가 있는 경우가 많습니다. 그러므로 부모가 이에 대한 정보를 파악하여 자녀에게 여러 선택지를 주고 탐색의 기회를 가질 수 있도록 도와주는 것이 중요하다고 할 수 있습니다.

우리나라는 여전히 대부분의 경우 일반계(인문계) 고등학교에 진학하여 대학교에 진학하는 것을 일반적인 것으로 생각하고 있는 면이 있으나 이 역시 많이 변화하고 있습니다. 실제로 좋은 특성화고등학교를 나와 남들이 부러워하는 곳에 아주 좋은 조건으로 취업하기도 하고 스스로 비교적 이른 나이에 창업하여 큰 성공을 거두기도 합니다. 또한, 예체능 계열의 경우는 따로 다루겠지만 더더욱 빨리 결정을 하고 시작할수록 여러 이점들이 있기도 합니다.

그러나 부모의 경우 자녀가 안정적인 길을 가기를 원하는 마음이 상당히 클 수가 있습니다. 이는 어떻게 보면 부모로서 자연스러운 일일 수도 있습니다. 그러나 자녀가 항상 부모의 뜻대로 되는 것은 아니며 그래야 하는 것도 아니라고 할 수 있습니다. 그러므로 부모가 원하는 바를 조금 내려놓고 자녀가 선택할 수 있도록 객관적인 정보를 잘 제공하는 것이 먼저 필요합니다.

그리고 공부에 대해 흥미와 적성이 별로 없는 경우가 분명히 있습니다. 이런 경우 무리하게 공부를 시키는 것보다 자신이 흥미와 적성을 가진 것을 개발시켜주는 것이 분명히 자녀에게도 좋고 자녀의 진로와 앞으로의 삶에도 좋은 방향이 되게 됩니다. 반복적으로 이 책에서 이야기하고 있지만 그렇지 않은 경우 상당한 시행착오, 예를 들면 대학교에 어떻게 가긴 했지만 바로 자퇴를 한다든지, 취업 후 바로 퇴사를 한다든지 하는 등의 일이 많이 일어나고 있는 시대라는 점을 생각해야 합니다. 결국, 부모의 뜻대로 부모가 좋은 방향이라고 생각하는 길을 자녀에게 강요하는 것은 자녀에게 도움이 되지 않는 방식이 된다는 것입니다.

그러므로 자녀가 공부 외에 다른 것에 더 흥미가 있는 경우 관련한 특성화고등학교의 진학을 고려해볼 필요가 있습니다. 특성화고등학교도 상당히 다양해져서 분명히 좋은 선택이 될 수 있는 그런 학교들이 있습니다. 그러므로 이에 대해 자녀와 지속적으로 열린 마음으로 대화를 나누고 방향을 설정하는 것이 좋습니다.

반대로 그저 공부를 잘 못한다는 이유만으로 성적으로 갈 수 있는 학교를 선택하여 고등학교에 진학하는 경우가 있습니다. 이런 경우 예를 들면 공업고등학교에 가게 되면 공업고등학교에서는 기술적인 부분을 더욱 깊게 배우게 됩니다. 하지만 이에 대해 흥미를 두고 있고 진로로 생각하고 온 학생과는 다르게 그저 성적이 좋지 않아 온 학생의 경우는 더욱 큰 방황을 하게 됩니다. 왜냐하면, 학교 수업을 전혀 이해하거나 따

라가지 못하고 자신과 상관없는 것으로 생각하기 때문에 당연히 학교적
응에 어려움을 겪을 수밖에 없는 것입니다. 이런 사례도 상담하다 보면
참 많이 보게 되고 안타까움을 주는 것 같습니다.

반면 자신의 적성과 흥미에 맞는 특성화고등학교에 진학하여 남들이
부러워하는 그런 곳에 바로 취업을 하여 자신의 삶을 잘 살아가는 모습
도 보게 됩니다. 물론 그런 학생은 학교생활에서도 적응을 잘하고 성적
도 잘 받게 됩니다. 그러므로 이런 선택은 매우 중요하다고 할 수 있습
니다.

특성화고등학교의 경우도 전문대나 대학교에 진학하는 경우도 있습
니다만 인문계 고등학교와는 좀 차이가 있는 경우가 많습니다. 그러므
로 이런 부분에 대한 정보를 미리 탐색해보는 것이 필요하다고 할 수 있
습니다.

이제 일반계(인문계) 고등학교에 진학하게 되는 경우를 생각해 보면
이는 전문대학이나 4년제 대학교에 진학하는 것을 우선 목표를 잡는다
는 것이 전제된다고 볼 수 있습니다. 그러나 현실은 그렇지 않은 경우가
많습니다. 앞서 이야기한 사례들과 마찬가지로 그냥 성적이 중간 정도
고 앞으로 어떻게 될지 모르니까 그냥 일반계(인문계) 고등학교로 진학
하고 보자는 식으로 선택하기도 합니다. 지금까지 진로탐색이 부족했던
경우 당장은 현실적으로 그래야 할지도 모르겠습니다만 그래도 자녀에
게 일반계(인문계) 고등학교 진학이 대부분의 경우 대학진학과 연결된
다는 점을 이야기하고 앞으로 어떤 전공을 하고 어떤 진로를 선택할 것

인지 고민해야 함을 이야기할 필요가 있습니다. 만약 대학에 진학하지 않는다면 어떤 선택이 가능한지도 같이 이야기 나눠 볼 수 있습니다.

여기서도 마찬가지로 전문대학을 가는 것의 의미와 4년제 대학교에 진학하는 것의 차이를 부모가 알고 설명해주는 것이 필요합니다. 전문대학의 경우는 더욱 전문적인 기술을 배워 이를 바로 현장에서 활용하기 위한 목표를 가진다면 4년제 대학교의 경우는 개념적으로는 학문을 배우기 위해 가는 곳이라는 점을 이야기할 필요가 있습니다.

그리고 공부를 더 하고 싶다면 대학원에 진학하는 등의 선택을 할 수 있다는 점도 같이 이야기할 필요성이 있습니다. 그러므로 실무에 좀 더 관심이 있다면 전문대학을 선택하고 해당 분야에 대해 좀 더 깊이 공부하고 싶다면 4년제 대학을 선택하는 것이 일단은 기본적인 개념이라고 할 수 있겠습니다.

물론 현실적으로 여러 고려사항이 생기는데 이에 대해서도 자녀와 함께 하나씩 이야기해 보고 열린 마음으로 부모가 걱정되는 것과 선택을 했을 때의 장단점 등을 이야기하여 자녀가 이를 신중히 고려하고 여러 경험에 기반을 두고 선택할 수 있도록 돕는 대화가 필요합니다. 그러기 위해서는 부모가 여기에 관해 관심을 많이 가지는 것이 당연히 전제되어야 합니다. 이와 관련하여 세부적인 사례들에 대해서는 다른 장들에서 하나씩 다뤄나가고자 합니다.

예를 들자면 자녀가 특정 분야나 학문에 관심을 많이 가지고 있다면 부모가 4년제 대학교에 진학하는 것의 의미와 그 후 대학원에 진학하면

연구자나 교수가 될 수도 있다는 점을 이야기해 줄 필요성이 있습니다. 그리고 이런 과정에 대해 최대한 자세하게 설명해줄수록 자녀가 안정감을 가지고 계속해서 공부하고 진로를 탐색하고 설계해 나갈 수 있을 것입니다.

앞서 이야기한 이런 부분들에 대해 고려가 잘 되지 못하면 그저 흘러 흘러 고등학교 3학년이 되게 되고 그것도 3학년 말에 가서야 대학에 진학할지 말지, 어떻게 해야 할지 몰라 방황하게 되는 경우도 많습니다. 그리고 그런 경우 고등학교 3학년이 다가올수록 의식적, 무의식적으로 계속해서 불안감이 높아지기 때문에 방황하거나 비행을 저지르게 될 가능성도 커집니다. 이와 같은 설명을 자녀에게 해주고 같이 고민해주는 것은 자녀 양육과 자녀의 성장에 있어서 매우 중요한 부분이 된다고 할 수 있겠습니다.

◆ ◆ ◆

03

"공부는 왜 해야 하나요?"라고
묻는 아이에게

부모는 자녀의 진로상담사가 되어주어야 한다고 생각합니다. 그리고 잘만 한다면 최고의 진로상담사가 되어줄 수 있습니다. 그렇다면 무엇부터 이야기할 수 있을까요? 이 장에서는 부모가 상담해줄 수 있는 것들 그리고 신경 써야 하는 주제들에 대해 살펴보겠습니다.

먼저 왜 공부를 해야 하는가에 대한 것입니다. 학습과 진로에 대한 것은 청소년 상담에서 많은 경우 한 번씩은 다루게 되는 중요한 주제가 됩니다. 그런데 우리나라에서 진로는 학업과 떼려야 뗄 수 없는 관계에 있습니다. 아직은 대부분의 직업을 가지기 위해 대졸 학력이 필요한 경우가 많고 그렇지 않더라도 해당 직장에서 승진하거나 더 좋은 대우를 받기 위해 학위가 필요한 경우가 대부분입니다.

그렇다면 필연적으로 무슨 직업을 가지고 싶다고 이야기한다면 그 직업을 가지기 위해 어떤 대학의 어떤 학과를 갈 것이냐로 연결될 수밖에 없는 현실이죠. 그러면 그 학과를 들어가기 위해 공부를 해서 일정 수준 이상의 성적을 확보해야 한다는 것이 다음 수순으로 이어집니다. 일단 이것이 현실적으로 공부를 해야 하는 이유 중 하나가 된다고 할 수 있겠습니다.

이렇게 들으면 뭐 당연한 이야기를 하느냐고 생각하실 수도 있겠습니다만 대부분의 청소년들을 만나보면 공부를 하기 싫다고 하면서 왜 공부를 해야 하는지 모른다고 합니다. 공부를 왜 해야 한다고 생각하냐고 물으면 모르겠다고 대답하거나 엄마가 시켜서 한다고 합니다. 그러면 또 묻습니다. 엄마는 공부를 왜 하라고 하는 것 같냐고, 그러면 그래야 먹고 살 수 있다든지 그래야 남들보다 더 잘 살 수 있다든가 좋은 데 취업할 수 있다든가 하는 어디서 많이 들어본 것 같은 그런 이야기를 합니다.

공부를 하라는 엄마의 말이 제가 앞서 한 이야기와 큰 맥락상에서는 일치하는 부분도 있습니다. 그러나 좀 더 설명이 필요합니다. 그냥 그렇게 말해버리면 청소년의 경우 그냥 잔소리로 듣고 넘어가 버립니다. 실제로 공부를 왜 해야 한다고 생각하냐고 물었을 때 '엄마가 하라고 해서요'라고 말하지 자신의 생각을 이야기하지 않습니다. 그건 엄마의 말이 내면화되지 않고 그냥 잔소리, 듣기 싫은 소리로 끝났다는 것을 보여주죠.

순서상 아이가 하고 싶은 일이 무엇인지 묻고 그 일을 하기 위해서는 어떤 진로계획이 필요하거나 어떤 경험을 해야 하고 그 경험에 대학 졸업이 들어간다면 어떤 학과에 들어가기 위해 어느 정도 이상의 성적을 확보해야 한다는 이야기가 만들어져야 한다는 것입니다. 그러지 않고 "일단 복잡한 생각은 나중에 하고 공부부터 잘해놓고 봐라"라고 한다면 당장 공부하기 싫은 아이가 공부할 동력을 제공하지 못합니다.

그리고 덧붙이면 공부라는 것이 기본적으로는 아주 일부를 제외하고는 힘든 일을 참고 해내는 속성을 가지고 있는데 이는 어떤 일을 하더라도 대부분 요구되는 특성이라고 할 수 있습니다. 요즘은 달라지기도 했습니다만 이 때문에 회사에서 직원을 뽑을 때 성적을 보는 이유가 되기도 합니다. 만약 좋은 기업에 취업하기를 원하는 아이가 있다면 이런 설명을 해줘 공부하는 것을 독려해줄 수도 있겠습니다.

그런데 다 생략하고 그냥 잘 먹고 잘살기 위해서 혹은 남들보다 잘살기 위해서는 공부를 해야 한다고 한다면, 그야말로 "인간은 착하게 살아야 한다." 수준의 말로서 청소년의 입장에서는 하나 마나 한 말이 되어버리고 듣기 싫은 잔소리로 끝나게 되는 것입니다.

실제로 청소년을 만나 이런 순서로 이야기를 하고 그러므로 공부를 하는 것이 필요하다고 알려주면 제 입장에서는 좀 당황스러울 정도로 깜짝 놀라면서 그런 이야기는 난생처음 들었다는 반응을 보이는 청소년들이 많습니다. 사실 이런 부분이 집에서 부모와의 대화에서 이뤄진다면 더욱 좋겠죠. 부모-자녀 관계에 도움이 되는 것은 당연하구요.

어른들의 입장에서는 당연한 이야기로 생각될 수 있어 다 생략하고 앞서 말한 엄마와 같은 말을 하게 되는데 이는 청소년의 진로에 거의 도움이 안 되고 오히려 공부를 더 하기 싫게 만드는 역효과만을 가져온다고 봅니다. 자칫 잘못하면 청소년기의 반항적인 특성과 상호작용해서 부모가 이유도 없이 시키는 공부를 일부러 반항하기 위해 하지 않는 모습을 보이기도 하니 이렇게 되면 그야말로 기막힐 일이지요.

아이를 키우는 입장에서 앞서 말한 엄마의 반응과 같은 반응이 충분히 이해가 되는 면도 있습니다. 자녀를 키우는 것이 힘든 부분이 많고 아이의 모든 말에 다 정성껏 반응해 주기 어렵기도 하지요. 그러나 아이의 진로를 신경 쓴다면 제가 앞서 말씀드린 방식으로 차근차근 한번 이야기를 나눠보시길 권유 드립니다. 그렇게 하면 아이의 학업과 진로를 발전시켜나가는 데 분명 도움이 될 것이라고 봅니다. 그리고 목표에 맞는 행동을 해나가는 것을 어린 시절부터 배우고 습성화시킨다면 아이의 장래에도 큰 도움이 된다고 생각합니다.

또한, 만약 아이가 공부가 덜 필요한 진로를 선택한다면, 예를 들면 예체능과 같은 진로를 선택한다면 그것에 맞게 시간을 투자할 수 있도록 도와주는 것도 필요할 것입니다. 그러나 예체능의 경우도 대부분 대학에 진학하게 되는 경우가 많아 이런 경우에는 최소한의 등급을 맞아야 하기도 합니다. 그렇다면 공부도 게을리할 수 없다는 것을 이야기할 수 있겠지요. 이와 같은 접근들이 부모-자녀 간에 상호 논의를 통해 이뤄진다면 그야말로 진로에 있어서 그리고 부모-자녀 관계의 측면에서도 이상적인 모습에 가까울 수 있지 않을까 싶습니다. 물론 현실이 말처럼 쉽지 않지만, 부모님들께서는 한번 지향점으로 여기고 지속적으로 노력해 보시면 좋겠습니다.

더 구체적으로 어떻게 대화를 나눌 것인지 예를 들어 다뤄보겠습니다. 아래의 예시는 진로에 대해 별로 결정된 것이 없는 중학생과의 대화를 기준으로 하였습니다.

대화법 포인트!

공부를 통해 배울 수 있는 것들도 있고 진로에 있어서 학업이 필수적인 경우가 많다는 점을 중심으로 이야기하면 좋습니다.

사례로 보는 대화법

자녀: 엄마(아빠) 공부하기 싫은데 공부를 왜 해야 해요?

부모: 학교에서 배우는 공부는 우리가 살아가는 데 필요한 기본 지식을 배우는 것이기도 하지만, 사실은 ○○이가 앞으로 어른이 되어서 일하는 데 공부가 필요하기 때문이야.

자녀: 나는 나중에 돈 많이 버는 사장님이 되고 싶은데 그거랑 공부가 무슨 상관이에요?

부모: 음… 사장님이 되려면 무언가 사업을 하는 것인데 그러려면 그 분야를 배워야 하잖아? 처음부터 사장으로 시작할 수는 없으니까 ○○이는 무슨 사장님이 되고 싶은데?

사실 이렇게 물어보면 대답을 못 할 가능성이 큽니다. 그냥 사장님이지 그 이상으로 생각해 본 적이 없을 가능성이 크고 그냥 좋아 보이고 돈 많이 버는 것 같은 직업을 말한 것일 수 있습니다. 그렇다면 이에 대해 좀 더 구체적으로 대화를 나누는 것이 필요합니다.

자녀: 그냥 회사 대기업 사장 같은 거.

부모: 그래, 회사 사장님이 되려면 일단은 그 분야에 대해 배우고 경험을 쌓아야 하는데 그러려면 일단 그 분야의 회사에 들어가서 일을 해보고 자신의 회사를 차릴 수도 있고 승진해서 임원이 되어서 사장이 될 수도 있어.

자녀: 그래요? 저는 ○○회사가 좋아요.

부모: 그러면 일단 그 회사에 들어가서 일을 해보는 것이 가장 좋겠지?

자녀: 그럴 거 같아요.

부모: 그러면 일단은 그 회사에 들어가기 위해 필요한 것을 한번 알아볼까?

그 기업에 들어가기 위해서는 성적도 좋아야 하고 좋은 대학을 나와야 유리하고 여러 경험을 쌓아야 하는 것을 부모가 뻔히 알고 있더라도 자녀와 같이 찾아보는 과정을 거치는 것이 좋습니다. 스스로 알아본 것이기 때문에 그에 대해 좀 더 자녀가 책임감을 느끼기 때문입니다.

부모: 자 보니까 일단 대학을 나와야 하고 ○○전공을 하는 것이 필요한 것 같네. 근데 그러려면 성적이 좀 좋아야겠다. 그래도 ○○회사가 이 분야에서는 좋은 회사라 좋은 대학 출신을 선호할 것 같네. 그리고 회사에서는 대부분 성실한 사람을 원하기 때문에 공부를 성실히 한 학생을 뽑으려고 하지. 그러니까 어느 정도 성적을 얻어서 일단 ○○대학 ○○학과 정도를 가는 것을 목표로 해야 할 것 같은데?

자녀: 음… 그럴 것 같기도 하네요.

부모: 그래서 일단 그 대학을 가기 위해서는 공부를 어느 정도 해야 하는 것이 현실적으로 필요할 것 같네.

이 정도의 대화만 이뤄진다고 해도 아주 이상적인 수준일 것입니다.

실제로는 자녀가 잘 따라오지 않더라도 관심을 가지고 같이 찾아보고 자녀에게 설명을 해주는 과정이 필요합니다. 한 번에 되는 일은 아닐 것입니다만 포기하지 않고 기회가 있을 때마다 비슷한 대화를 시도하면 그래도 자녀가 스스로의 진로를 생각하고 지금 필요한 공부를 해나가도록 키우는 데 도움이 될 수 있을 것입니다.

예를 들면 기업의 채용공고 등을 찾아보다가 하기 싫어할 수도 있습니다. 이럴 때는 다음에 다시 기회가 있을 때 찾아보자고 하거나 부모가 어느 정도 자료를 준비해서 같이 보면서 이야기를 할 수도 있을 것입니다. 이는 자녀의 특성에 맞춰야 하는 부분도 있는데요. 자신이 스스로 찾아보는 것을 선호하는 청소년도 있고 누군가 도와주는 것을 선호하는 청소년도 있기 때문에 자녀의 특성에 어느 정도 맞추는 것 역시 중요합니다.

결국, 자녀의 진로발달을 위해서는 부모가 노력을 기울여 관계를 맺고 관심을 기울이는 것이 중요하다는 것을 다시 강조하게 됩니다.

04

♦ ♦ ♦

"뭘 하고 싶은지 모르겠어요"라고
하는 아이에게

청소년들, 특히 중학생들과 진로와 관련된 이야기를 하다 보면 "하고 싶은 것이 없어요"라는 이야기를 많이 하게 됩니다. 그러면 "왜 하고 싶은 일이 없냐, 잘 생각해봐라"라고 접근해야 한다는 생각이 들 수도 있습니다. 그렇지만 잘 보면 하고 싶은 것은 있지만 혹은 어렴풋이 알고 있지만, 도저히 자신이 해낼 수 없을 것 같을 때 청소년들, 특히 중학생들이 하고 싶은 것이 없다고 이야기하는 경향이 있습니다.

왜냐하면, 발달단계의 특성상 중학생 나이의 경우 자기중심적이고 타인에게 긍정적인 평가를 받는 데 관심이 많습니다. 그러므로 하고 싶은 일을 내가 이뤄낼 수 있을지 잘 모르겠다고 표현하기보다는 하고 싶은 게 없다든지, 뭘 하고 싶은지 모르겠다고 이야기하기도 합니다. 그러므로 정말 탐색이 부족한 것인지 아니면 실제로 실현 가능성이 작다고 생각하는 것인지를 먼저 살펴볼 필요가 있습니다.

그렇다면 부모 입장에서 먼저 해야 할 것은 일단 아이가 정말 하고 싶은 것이 없는지 그것을 제대로 표현을 하지 않고 있는지 알아보는 것입니다. 하지만 부모-자녀 관계에서는 부모가 자녀에게 관심과 기대를 할 수밖에 없고 이를 자녀도 잘 알고 있습니다.

그러므로 더욱 솔직하게 말하기 어렵게 만드는 영향을 끼치기도 합니다. 그러므로 앞서 이야기한 것과 같이 일단 자녀와 편안하게 이런 부분을 이야기할 수 있는 좋은 관계와 부모의 대화법과 대화 노력이 필요하다고 할 수 있습니다. 이 역시 예를 통해 다뤄보면 다음과 같습니다.

대화법 포인트!

현실성을 따지기 전에 자녀가 자신이 원하는 바를 자유롭게 이야기하고 탐색할 수 있도록 도와주는 것이 중요!

사례로 보는 대화법

부모: ㅇㅇ이는 앞으로 무슨 일을 하고 싶니?

자녀: 잘 모르겠어요.

부모: 잘 모르겠다는 게 무슨 말이야? 하고 싶은 게 뭔지 모르겠다는 거야? 아니면 잘할 수 있을지 모르겠다는 거야?

자녀: 잘 모르겠어요…

부모: 그럼 ㅇㅇ이가 좋아하는 건 뭐야? 해보면 재미있을 것 같거나 잘할 수 있을 것 같은 게 있어?

자녀: 음… 다른 사람을 가르쳐주는 일을 하면 괜찮을 것 같아요.

부모: 음 그럼 가장 먼저 생각할 수 있는 게 학교 선생님이네. 초등학교 선생님이나 중학교, 고등학교 선생님을 생각해 볼 수 있는데 그런 직업은 어때?

자녀: 학교 선생님도 괜찮을 것 같은데 학교 선생님이 되기 힘들지 않아요?

부모: 그러면 엄마(아빠)와 같이 선생님이 되려면 뭐가 필요한지 찾아볼까?

위의 예시에서 부모의 경우는 선생님이라는 직업이 별로 마땅하게 여겨지지 않거나 자녀가 할 수 없을 것 같다고 느낄 수도 있습니다. 또한, 자녀도 이에 대해 자신 없어 하거나 현실성이 없다고 여길지도 모릅니다. 하지만 그런 이야기를 먼저 하기보다는 자녀가 흥미를 느끼는 부분을 좀 더 구체적으로 탐색하도록 도와서 목표와 방향성을 잡을 수 있도록 도와주는 데 초점을 맞추는 것이 먼저 필요합니다.

아무런 목표나 방향성이 없이는 진로에 관한 활동을 시작할 수 없기 때문입니다. 아마도 중학교 1학년 때 세운 목표가 고등학교 3학년에도 그대로일 가능성은 그다지 크지 않을 것입니다. 그러므로 잠정적인 목표를 세우고 이와 관련된 활동과 시도들을 해보는 것이 중요합니다. 그런 활동을 통해서 그 진로가 자신에게 맞는지 그렇지 않은지 알아나갈 수 있으며 이런 과정을 경험하는 것 자체가 중요하기 때문입니다. 만약 생각처럼 자신에게 잘 맞지 않는 것처럼 여겨진다면 다시금 다른 진로를 탐색해 볼 수 있고 두 번째는 첫 번째보다 더 다각도로 탐색을 해나갈 수 있을 것입니다.

이런 방식으로 진로발달과 진로성숙이 이뤄지기 때문에 이 시기에는 이러한 과정을 계속해서 거치면서 자신에 대한 이해와 진로성숙도를 높여나가는 것이 중요한 과제가 된다고 할 수 있습니다.

또한, 자녀가 혼자 찾아보도록 놔두는 것이 아닌, 부모가 함께해보려는 자세가 필요합니다. 그러면 자녀는 부모에게 든든함을 느끼고 함께할 수 있는 지원군이 있다고 여겨 더 자신감을 가지고 진로를 탐색해나갈 수 있습니다. 이 부분이 계속해서 강조하는 것처럼 부모-자녀 간의 대화 및 진로에 있어서 핵심이 되는 부분이라고 할 수 있습니다.

그러므로 부모가 자녀와 함께 노력하려는 자세는 계속해서 유지해야 하는 부분이라고 할 수 있습니다. 특히나 자녀가 이런 도움을 원하거나 누군가와 함께 일을 하는 것을 좋아하는 성향일수록 이런 부분은 더 중요해집니다.

반면 자녀가 독립적이고 스스로 찾아서 하는 것을 선호하는 성향이라면 중학교 3학년이나 고등학생쯤부터는 자녀가 스스로 해나갈 수 있도록 지원만 해주는 방식을 취할 수도 있습니다. 다만 중학교 1학년 시기 정도까지는 자녀의 성향이 독립적이더라도 부모가 옆에서 더욱 적극적으로 도와주는 것이 효과적인 면이 있습니다.

만약 자녀가 정말로 자신이 원하는 것이 무엇인지 모른다면 앞서 설명한 자녀의 흥미와 진로탐색을 위한 방법과 앞으로 계속해서 다뤄나갈 구체적인 방법들을 적용하여 진로탐색을 자녀와 함께 구체적으로 해나가는 것이 필요하다고 할 수 있습니다.

05

♦ ♦ ♦

"ㅇㅇ아 그 일(직업)을 하려면
뭘 준비해야 하는지 알아?"

고등학교 시기는 우리나라의 경우는 여전히 많은 비율이 입시를 준비하는 시기가 됩니다. 또한, 취업 혹은 창업을 준비하거나 예체능 계열의 경우는 일반적인 입시와 다른 준비가 필요하기도 합니다. 그렇다면 중학교 시기는 이런 고등학교 시기를 준비하는 시기가 되기도 합니다. 그러므로 중학교 시기에는 대학교에 진학할 것인지 아니면 고등학교를 졸업하고 취업을 할지 등을 선택해야 할 필요성이 있으며 이를 기반으로 준비를 해나가야 할 필요성이 있다고 할 수 있습니다.

여기서는 우선 입시와 대학진학을 생각하는 경우를 중심으로 이야기를 해보도록 하겠습니다. 고등학교 졸업 이후 취업을 하는 경우나 예체능 계열의 경우에 대해서는 다른 장에서 다뤄보도록 하겠습니다.

우선 부모가 자녀의 입시나 진로에 관해 관심을 좀 더 디테일하게 가질 필요성이 있습니다. 이것 역시도 세대 차이로 인해 문제가 생기기도 하는데요. 부모세대 때는 비교적 입시제도가 지금보다 복잡하지 않았고 공부를 열심히 하면 어느 정도 입시 준비를 할 수 있었습니다.

그러나 현재의 입시제도는 상당히 복잡해져서 얼마나 자신에게 맞게 잘 준비하느냐가 상당히 중요해졌습니다. 그런데 문제는 부모나 자녀나 이에 대해 정보가 별로 없는 경우가 꽤 많다는 것입니다.

우선 수시 제도로 인해 현실적으로는 중학교 3학년이나 적어도 고등학교 1학년 정도까지는 자신이 어떤 일을 할지 그러기 위해 어떤 대학교에 진학할지, 어떤 학과 혹은 전공을 선택할지를 결정하는 것이 더욱 중요해졌습니다. 그래야 그에 맞는 활동을 하고 이것이 입시에 반영될 수 있기 때문입니다. 또한, 어떤 목표를 가지느냐에 따라 입시전략이 매우 달라질 수 있기 때문입니다.

상식적인 이야기인 것처럼 들릴 수도 있겠지만 실제로는 부모님들이 사는 것이 바쁘거나 자녀의 진로에 별로 관심이 없는 경우에는 구체적인 부분에 관한 이야기 없이 다소 추상적으로 "공부 열심히 해서 네가 하고 싶은 일 할 수 있는 학과를 가라"라든지 "네가 어떻게 하든 다 지지해 줄게"와 같은 방식으로 자녀를 대하게 되기도 합니다.

그렇게 되는 경우 자녀는 참 막막함을 느끼게 됩니다. 물론 자녀의 기질상 부모의 도움 없이 자신이 스스로 하는 것을 좋아하고 이런 것을 잘 해내는 아이들도 있습니다. 이런 아이들의 경우 부모가 정서적 지지만 잘 해주면 입시과정을 잘 지나가기도 합니다.

그렇지만 대부분의 아이들은 부모가 이 과정을 함께해주는 것이 더 효과적인 경우가 많습니다. 또한, 반대로 어떤 아이들은 부모가 관심을 보여주지 않으면 입시과정을 전혀 준비하지 못하고 그냥 포기해 버리는 경우도 생기게 됩니다. 그러므로 이에 관해 관심을 가지는 것은 자녀의 미래와 학교적응 등에 있어서 매우 중요한 일이라고 할 수 있습니다.

부모가 먼저 수시 제도라든지 어느 정도 입시제도에 대한 정보를 파악하고 이를 자녀와 함께 고민하는 것이 중요합니다. 부모가 먼저 이야기를 꺼내고 조금 이끌어 주고 함께해준다면 자녀 역시도 좀 더 자신감을 가지고 이 과정에 임하고 미래에 대한 희망을 품고 열심히 해나가는 힘을 얻을 수 있습니다.

입시와 관련된 정보를 얻을 방법은 많이 있습니다. 많은 책이 이와 관련해서 나와 있고 입시전문가들이 쓴 책이나 유튜브 영상들에서도 도움을 받을 수 있습니다. 좀 더 자세하게는 입시학원 등에서 하는 관련된 교육이나 컨설팅 등을 활용할 수도 있습니다. 그러므로 이런 부분을 활용하여 부모가 자녀와 함께 입시제도를 알아가고 자녀에게 필요한 부분을 탐색하고 같이 전략을 짜고 한 팀으로서 준비해나간다는 느낌을 자녀에게 주는 것이 중요하다고 할 수 있습니다.

공부나 입시는 자녀가 알아서 하는 것이라고 여긴다면 대부분의 경우 자녀는 이에 대해 부모가 자신에게 무관심하다고 느끼거나 스스로 막막함으로 인해 그냥 포기해버리는 사례들을 꽤 많이 봐왔습니다. 그러므로 부모가 이런 부분에 대해 신경 써 주는 것은 매우 중요하다고 다시금 말씀드리고 싶습니다.

사실 입시정보 이전에 진로에 대해 중학교 고학년이 되어 갈수록 이제는 어느 정도 결정을 내려야 하는 면이 있습니다. 물론 이런 목표나 방향성이 바뀔 수 있습니다. 또한, 중학교나 고등학교 시기에 바뀔 수도 있고 대학교 시기에 바뀔 수도 있습니다. 또한, 취업 후 이직을 하거나 진로를 변경하는 것이 전혀 이상하지 않은 시대가 되었습니다.

그렇지만 지금 당장 목표가 필요한 이유는 지금 당장 목표가 있어야 그것을 행동으로 옮기고 그 행동을 통해 경험을 쌓아나가고 진로를 발달시켜 나갈 수 있기 때문입니다. 또한, 추후 변경을 하게 될 때도 훨씬 수월하고 효율적으로 이를 할 수 있기 때문에 이런 과정이 매우 중요하다고 할 수 있습니다.

부모가 이런 마음을 가지고 자녀와 대화를 하면서 자녀가 스스로 여러 가지로 고려해보고 현실적으로 자신이 원하고 자신에게 맞는 선택을 할 수 있도록 돕는 대화가 필요합니다. 그리고 이런 과정에서 점점 학년이 올라가면서 입시제도도 함께 고려해볼 수 있다면 자신에게 더 맞는 길을 찾는 데 도움이 될 수 있습니다.

그리고 이런 부분이 구체적일수록 자녀가 안정감을 가지고 자신이 준비를 해나가야 할 것에 대해 알고 지속적으로 노력을 해나갈 수 있습니다. 이런 측면에서 부모가 든든한 조력자가 되어 주는 것이 중요하다고 할 수 있습니다. 예시를 통해서 한번 살펴볼 텐데요. 앞서 이야기한 것처럼 여기서는 일단 대학교에 진학하는 경우의 예시라고 보시면 되겠습니다.

자녀가 주체적으로 자신이 원하는 일을 찾고 이와 관련하여 입시를 포함하여 여러 정보를 잘 파악하고 고려하여 선택할 수 있도록 돕는 것이 중요하다고 할 수 있습니다.

부모가 너무 앞장서서 끌고 가기보다는 자녀를 격려하고 이끌어 주되 자녀가 주체가 되어 해나가고 옆에서 필요한 도움들을 적극적으로 주는, 혹은 자녀가 파악하지 못하고 있는 것들에 대한 도움을 주는 역할을 하는 것이 중요합니다.

사례로 보는 대화법

부모: ㅇㅇ아, 이제 입시나 전공 이런 부분에 대해서 생각해 봐야 할 때가 된 것 같은데 지금 우리나라의 입시제도에서는 대학에 진학하겠다고 하면 중학교 3학년 정도에는 목표가 있는 게 중요한 것 같아. 그래야 그에 맞는 준비를 할 수 있거든… 물론 목표가 나중에 바뀔 수도 있지만, 일단은 목표가 있어야 그걸 준비하면서 이런저런 경험을 하고 또 그 경험에서 필요한 부분을 보완하거나 수정해 나갈 수 있거든. ㅇㅇ이는 직업이나 대학교 학과나 하고 싶은 것을 좀 생각해 본 게 있어?

자녀: 글쎄요… 그런 생각을 저도 이제는 하기는 하는데 잘 모르겠어요.

부모: 그래… 사실 완전한 확신을 하기란 쉽지는 않아… 어른들 같은 경우도 자신의 직업에 확신을 하기 어려운 경우도 많아. 그렇더라도 일단은 목표라는 것이 있어야 그것을 향해 가면서 조금씩 수정하고 해나가는 것이거든. 그렇지 않으면 아무것도 하지 않게 되는 수가 있거든. 그러면 우선 ㅇㅇ이는 어떤 공부가 좋아? 그래도 우리가 대학은 가기로 했으니까 그러면 어떤 공부가 좀 나한테 맞을 것 같아?

자녀: 음… 글쎄요. 그래도 제가 뭘 만들거나 하는 것을 좋아하니까 디자인 학과 쪽이 어떨까 생각은 해봤어요.

부모: 그러게, ㅇㅇ이가 그런 것을 좋아하기도 하고 그 분야는 앞으로도 꽤 전망이 좋을 것 같아. 앞으로는 정말 기능도 중요하지만 모든 제품이 디자인이 중요하기 때문에 여러 가지로 직업적으로 기회가 많을 것 같네.

자녀: 아 그럴 수도 있겠네요.

부모: 그러면 일단 디자인 학과가 있는 학교가 어디가 있는지 그리고 디자인과 관련된 학과는 어디가 있는지 그리고 어떤 학교의 어떤 학과 정도가 현재 내가 목표로 삼을 수 있을지 엄마(아빠)랑 같이 한번 찾아볼까?

자녀: 네.

부모: 그리고 ㅇㅇ이도 알겠지만, 입시제도가 엄청 다양하잖아? 그러니까 ㅇㅇ이에게 좀 더 잘 맞는 방법이 뭐가 있을지도 같이 연구해보자.

자녀: 네 좋아요 그렇게 해보면 좋을 것 같아요.

앞의 예시는 다소 부모가 적극적인 모습을 보이고 있는데요. 이 부분에서는 부모가 조금은 적극적으로 이끌어 주는 것이 필요한 부분이 있습니다. 그렇지만 선택은 자녀가 하도록 하는 것이 중요한 포인트라고 할 수 있습니다.

위의 예시에서 원하는 학과가 어디인지 묻는 것과 같은 태도가 중요하다고 할 수 있습니다. 이와 같이 부모는 옆에서 조력자로서 역할을 해나가는 것이라고도 할 수 있습니다.

특히나 이런 입시과정을 부모가 관심을 가지고 같이 해주는 것이 중요하지만 여기서도 너무 지나치게 관여하거나 방향성을 부모가 설정하거나 강요하는 일이 생기게 되면 이는 앞서 누누이 이야기한 것처럼 지금의 자녀 세대와는 마찰과 갈등을 일으킬 가능성이 큽니다.

이 부분은 여기서도 주의를 해야 하는 부분이고 자녀에게 계속 의견을 묻고 함께 조율해 나가는 과정으로 대화가 흘러가도록 하는 것이 중요하다고 할 수 있습니다. 또한, 도움을 주는 측면에서는 부모가 더욱 구체적인 정보를 탐색하고 자녀에게 도움이 되는 그리고 자녀가 필요로 하는 정보를 제공해줄 때 자녀는 고마움과 든든함을 느낄 수 있습니다. 그런 경우 부모-자녀 관계에도 도움이 크게 된다고 할 수 있겠습니다.

♦ ♦ ♦

"그냥 알바나 하고 살죠 뭐" 혹은 "저는 대학 안 가고 돈을 벌고 싶어요"라고 하는 아이에게 그리고 대학교 진학이 아닌 취업을 준비하는 아이를 위한 대화법

이전에는 우리나라의 경우 대부분이 대학에 진학하는 것이 일반적으로 여겨졌습니다. 이런 경향성이 여전히 꽤 남아있는 것은 사실이지만 이제는 특성화고등학교에 진학해서 바로 취업을 하거나 일반계(인문계) 고등학교에 진학하고도 바로 취업을 하는 경우도 꽤 생겨나고 있습니다. 특히 특성화고의 경우 취업과 잘 연계되어 있는 경우는 고등학교 진학을 위한 중학교 내신점수가 일반계(인문계) 고등학교보다 훨씬 높은 경우도 많습니다.

이런 현상들에 대해 생각해 보면 이제는 꼭 대학을 간다기보다 실질적으로 자신에게 도움이 되거나 자신이 원하는 길을 가게 되는 경우가 많아진 것 같습니다. 실제로 4년제 대학교에 진학해서 졸업하더라도 취업이 매우 어려운 경우도 많이 있습니다.

또한, 자신이 원하지 않는 전공으로 그저 대학교에 진학하기 위해 대학에 진학하는 경우는 학교에서 잘 적응하지 못하고 4년이 지나 졸업 후 취업 역시도 어려운 경우가 많습니다. 왜냐하면, 자신에게 잘 맞지 않는 전공이기 때문에 학교 공부를 안정적으로 하기 어렵고 이는 결국 실력을 중시하는 현재의 취업풍토에서 전공과 관련된 실제 실력을 갖추지 못하여 취업의 어려움으로 연결되기 때문입니다.

사실 고등학교를 졸업하고 바로 취업을 한다면 이에 대한 준비가 입시를 준비하는 것만큼이나 충분히 되어야 할 필요성이 있는데 이런 준비가 별로 없이 이번 장의 제목처럼 그저 알바나 하면 되겠다고 막연히 생각하거나 그냥 뭐든 해서 돈을 벌겠다는 식으로 생각하는 경우가 꽤 있습니다.

앞서 이야기한 것처럼 자신이 목표를 가지고 특성화고등학교에 진학하고 자신의 진로에 대해 준비를 해서 취업을 하는 경우 정말 별다른 준비를 하지 않고 4년제 대학교에 진학하는 것보다 훨씬 진로에 있어서 좋은 결과로 이어지는 경우들이 많습니다.

그런데 그렇지 않고 그저 공부를 잘하지 못하거나 공부를 하기 싫어서 그냥 잘 모르겠지만 대학은 가지 않고 뭐라도 해서 돈을 벌겠다고 한다면 이는 좋지 않은 결과로 이어지는 경우가 많은 것 같습니다. 왜냐하면, 실제로 일을 해보면 공부만큼이나 일을 해서 돈을 버는 것도 쉽지 않다는 것을 느끼게 되기 때문이죠.

자신이 진로에 있어서 확신이 있고 이루고 싶은 것이 있다면 이런 어려움을 감수하고 계속해서 해나갈 수 있는 동력이 되지만 그저 공부가 싫어서 혹은 무작정 돈부터 벌고 싶어서 일을 시작했다면 얼마 가지 못해 일을 그만두고 방황을 하게 될 가능성이 있습니다. 또한, 이런 경우에는 다시 일을 시작할 동기가 별로 없어서 그냥 별다른 일이나 학업도 하지 않은 채 방황하며 시간을 보내는 시기가 길어질 위험도 있습니다.

그리고 이런 경우 결국 실패경험을 반복하면서 자존감도 낮아지고 그러면서 더욱 새로운 시도를 하지 못하게 되어 잘못하면 은둔형 외톨이가 된다든지 아니면 비행을 일삼거나 심하면 범죄를 저지르게 될 위험성도 있습니다. 실제로 청소년들이나 청년들을 상담하다 보면 특별히 아주 악한 의도가 있다기보다는 방황하다가 비슷한 친구들과 비행 행동을 하게 되고 이것이 범죄로 이어지게 되는 경우가 많습니다.

자신이 어떤 일을 할 것인지 잘 탐색하고 이를 실제로 이뤄나가는 것은 청소년, 청년기에 굉장히 중요한 발달과업이 됩니다. 이런 부분이 잘 이뤄지지 않는 경우 방황을 하고 심하면 사회에 부적응하고 이 결과로 은둔형 외톨이가 되어 외부세계를 차단하거나 자신의 화와 분노를 밖으로 표출하여 비행이나 범죄를 저지르는 경우들도 생기게 됩니다.

은둔형 외톨이가 된다든지 범죄를 저지르게 된다든지 하는 것은 방향성을 잡지 못하고 방황하거나 어려움을 겪는 것이 오랫동안 지속되고 여기서 어떤 해결책을 찾아내지 못한 경우들이라고 할 수 있습니다. 그렇다면 이를 예방하기 위해서는 고등학교를 졸업하고 일을 하겠다는 이야기를 자녀가 처음으로 했을 때 혹은 그런 방향성을 잡아가고 있을 때 부모가 자녀와 깊이 있는 대화를 통해 자녀가 방향성을 잡고 방황하지 않도록 도와주는 것이 매우 중요하다고 할 수 있습니다.

사실 여전히 우리나라에서는 많이 바뀌었다고는 하나 부모에게 자녀가 공부를 잘해서 좋은 대학을 갔으면 하는 마음이 있는 경우가 여전히 많습니다. 그러나 과거와 다르게 자녀가 자신의 의견을 고집하는 경우 이를 부모가 부모의 의견을 밀어붙여 자녀의 생각을 바꾸는 것이 거의 불가능해졌습니다. 그러므로 현명하게 이를 자녀와 대화를 통해 조율하는 것이 필요합니다.

또한, 부모에게 자녀가 대학을 갔으면 하는 마음이 있더라도 이를 좀 내려놓고 열린 마음으로 대화를 하는 것이 필요합니다. 그렇지 않고 부모가 자신의 의견만 고집한다면 앞서 계속 이야기한 것과 마찬가지로 결국 자녀와 관계가 나빠지고 자녀가 학업이나 진로를 제대로 해나가지 못하게 되는 결과로 이어질 가능성이 있습니다.

그리고 특성화고에 진학하게 된 경우는 사실 특성화고에 진학하기 전에 이런 대화들이 이뤄지면 자녀가 특성화고에서 잘 적응해서 좋은 일자리를 구하게 되는 경우도 많이 있습니다. 그러나 그렇지 않은 경우 결국 고등학교에서 잘 생활하지 못하면 학교에서 성적을 잘 받지 못하고 일과 관련해 필요한 지식을 습득하지도 못하게 되어 결국 제대로 취업을 하지 못하는 경우가 많이 있습니다. 그러므로 특성화고에 진학하는 경우라면 이런 부분을 더욱 탄탄히 해두고 자녀가 정말 그 방향을 원하는 것인지에 대해 충분한 대화가 필요합니다.

일반계(인문계) 고등학교에 진학한 후 중간에 대학진학이 아닌 일을 하겠다고 하는 경우는 좀 더 많은 준비가 필요합니다. 특성화고는 그래도 어느 정도 전공을 선택한 상황이기 때문에 선택지가 좁혀질 수 있지만 그렇지 않은 경우는 어떤 일을 할지에 따라 준비하고 계획해야 하는 것이 많이 달라지기 때문입니다.

부모에게 자녀가 원하는 일에 관한 지식이나 경험이 있다면 부모가 직접적인 도움을 줘서 자녀가 미리부터 경험을 해보고 선택하게 하는 것이 가장 좋은 방법이 될 수 있습니다. 그러나 그렇지 않은 경우에는 먼저 어느 정도 일에 대한 경험을 해보고 정말 고등학교를 졸업하고 바로 일을 시작할 것인지 생각해 보게 하는 것이 중요합니다.

왜냐하면, 앞서 이야기한 것과 같이 막연하게 그저 지금 하는 공부가 하고 싶지 않거나 뭔가 열심히 하고 싶지 않아 나중에 생각하고 싶다는 식으로 일을 하겠다고 이야기하는 것일 수 있기 때문입니다. 요즘은 고등학교에 다니면서도 틈틈이 아르바이트를 하는 경우들이 꽤 있는데 실제로 졸업 후 일을 하겠다고 한다면 아르바이트부터 시작해서 한번 일을 경험해보도록 하는 것이 좋습니다.

그러면 자신이 일을 해보고 어느 정도 일을 하면 어느 정도 돈을 벌게 되는지도 경험해보고 이런 일이 자신에게 잘 맞는지 그렇지 않은지도 생각해 볼 수 있기 때문입니다. 그래서 이런 방향으로 부모가 자녀를 비난하거나 하지 않고 차근차근 단계를 거쳐 경험하고 선택할 수 있도록 옆에서 같이 해주는 것이 필요하다고 할 수 있습니다.

정리하면 특성화고등학교에 진학하는 경우 자신이 원하는 일과 맞는 특성화고등학교에 진학하는 것이 중요합니다. 자신의 전공에서 어떤 일을 하게 되고 그것이 자신이 원하는 일인지에 대해 충분히 탐색하고 이를 기반으로 안정적으로 학교생활을 해나가고 그 결과로 연계된 일을 졸업 후 시작할 수 있도록 돕는 것이 중요합니다.

일반계(인문계) 고등학교에서 졸업 후 바로 일을 하겠다고 한다면 무슨 일을 하고 싶은지 명확히 하고 이에 따라 먼저 아르바이트 등으로 일을 경험해보고 정말 자신이 원하는 일인지 선택할 수 있도록 돕는 것이 중요합니다. 이후 준비과정을 부모가 함께 도와주는 것이 자녀가 안정감을 느끼고 진로를 준비하는 데 중요하다고 할 수 있습니다.

사례로 보는 대화법

자녀: 엄마(아빠), 저는 그냥 대학 안 가고 일하는 게 좋을 것 같아요.

부모: 그래? 그렇게 생각한 이유가 있어?

자녀: 그냥 요즘은 공부 안 해도 돈 많이 벌 수도 있고 대학 가는 것이 시간 낭비하는 것 같아요.

부모: 그래 그럴 수도 있지. 그런데 문제는 어떤 일을 할 거냐 하는 건데 그거를 생각해 본 적 있어?

자녀: 어… 그냥 뭐 알바라도 하고 하면 그래도 괜찮지 않을까요?

부모: 뭐 처음에는 알바로 시작해야 할 수도 있지. 그런데 그렇다고 해도 어떤 분야에서 알바를 할 것인지 그리고 이후에는 어떤 방향으로 갈지 생각을 할 필요는 있어.

자녀: 그래요? 에이 그래도 그냥 일단 알바부터 하고, 하다 보면 나중에 장사를 하거나 하면 되지 않을까요?

부모: 장사를 하더라도 어떤 분야에서 장사를 하느냐에 따라 준비해야 하는 것도 다르고 하루아침에 장사를 할 수 있는 게 아니라 자본금도 있어야 하고 그 분야에서 경험도 쌓아야 하는데 기왕이면 어떤 분야에서 일할지를 생각해 보고 그 분야에서 알바를 시작하면 더

좋겠지.

자녀: 음, 그럴 수도 있겠네요.

부모: 그래. 그리고 대학을 안 가겠다고 하면 일단 나중에 다시 공부해서 대학을 가기는 더 어려워진단 말이야. 그래서 신중하게 생각할 필요가 있지. 정말 내가 공부보다는 당장 일하는 것을 원하는 것인지 말이야.

자녀: 네…

부모: 그럼. 사실 ○○이가 일을 해본 경험이 없잖아? 그러면 일단 지금 할 수 있는 일을 먼저 경험해보면 좋을 것 같은데 알바라도 한다고 생각하면 어떤 분야에서 일하고 싶어?

자녀: 음… 사실 잘 모르겠어요. 그냥 막연하게 생각한 건데…

부모: 그래. 그렇게 시작하면 사실 잘못된 결정을 너무 쉽게 내릴 수도 있다는 거지. 그래서 경험을 해보고 정말 이게 내게 맞는 것인지 살펴보고 결정하는 게 중요해. 일단 어떤 일이라도 해보면 일하는 게 어떤 것인지도 경험해보고 좋을 것 같은데 어때?

자녀: 음…

부모: 쉽게 생각해 볼 수 있는 것이 음식점이나 카페 같은 곳에서 서빙을 하거나 편의점 아르바이트 같은 거잖아? 그런 건 어때?

자녀: 아… 그럴 수도 있겠네요.

부모: 그래. 일단 그렇게 일을 해보면 우선은 일하는 것이 어떤 것인지 느껴볼 수 있지. 그리고 얼마나 일하면 얼마나 돈을 버는지도 느껴볼 수 있고 그 후에 좀 더 생각해 볼까?

자녀: 네. 일단 그렇게 해봐야겠어요.

위의 예를 든 대화는 사실 부모로서 이야기하기 힘든 부분일 수 있습니다. 부모는 그래도 자녀가 일보다는 공부를 하기를 원할 수 있기 때문입니다. 그렇다고 하더라도 자녀가 이야기하는 것을 먼저 따라가 주는 것이 필요합니다.

그렇게 했을 때 만약 일하는 것이 잘 맞지 않으면 다시 공부를 하겠다고 자녀가 이야기할 수도 있을 것입니다. 그렇지 않으면 관계가 틀어져 오히려 자녀가 엇나가게 될 가능성이 커진다고 할 수 있습니다.

그리고 만약 자녀가 일하는 것이 공부하는 것보다 더 잘 맞는다고 한다면 부모의 마음만 내세울 것이 아니라 자녀가 원하는 방향으로 해나갈 수 있도록 도와주는 것이 필요할 수 있습니다.

계속 이야기하지만, 지금의 세대에게는 자신이 원하는 것을 하는 것이 중요하기 때문에 부모와 의견이 다르더라도 자녀의 마음이 확고하다면 먼저 그 방향으로 해볼 수 있도록 돕는 것이 지금의 부모의 역할이 아닌가 싶습니다.

그 때문에 여기서 중요한 것은 부모와 자녀가 서로 의견을 나누고 조율하여 최종적으로 자녀에게 맞는 방향으로 진로를 걸어갈 수 있도록 돕는 것이라고 할 수 있습니다.

07

◆◆◆

"내가 알아서 할게요"라고
하는 아이에게

초등학교 고학년부터 중학생이 되어가면서 점차 자녀에게 자율성이 커지기 시작합니다. 초등학교 저학년의 경우에는 여전히 부모에게 의지하는 부분이 많지만, 점점 이런 부분이 적어집니다. 단적으로 초등학교 고학년이 되면서 자신의 방에 노크하고 들어오라고 하고 부모가 자신의 방에 들어오지 않기를 원하는 모습들이 나타나기 시작합니다.

이런 부분에 있어서 자녀의 자율성을 존중해주는 것도 필요하고 또 한편으로는 여전히 부모의 돌봄과 도움이 필요한 청소년이기 때문에 부모가 현명하게 자녀에게 필요한 도움을 제공하는 것도 필요합니다. 이런 점을 생각해 보면 새삼 부모의 역할이라는 것이 참 어려운 것이라는 생각이 듭니다.

자녀의 진로와 관련해서도 비슷한 일이 생겨날 수 있습니다. 특히 중학생의 경우 진로와 관련된 이야기를 부모가 나누려고 하면 이에 관해 부담을 느끼거나 혹은 자기 생각이 부모에게 받아들여지지 않는 것을 걱정하는 마음 등으로 인해 그냥 "제가 알아서 할게요"라는 식의 반응이 나올 수 있습니다.

이런 경우 자녀의 반응이 자녀의 사춘기 때문이라고 여겨지기도 하고 당황스럽기도 하기 때문에 부모가 이에 대해 깊이 생각해 보거나 준비되어 있지 않다면 자녀를 혼내거나 혹은 그냥 방치하는 것으로 이어질 수 있습니다. 자녀를 심하게 혼내거나 '그래 네가 알아서 해라' 하고 방치를 하는 경우 모두 자녀에 좋지 않은 영향을 미칠 가능성이 큽니다.

몇몇 아이들은 기질적으로 부모가 전혀 개입하지 않아도 자신이 알아서 자신의 진로를 잘 찾아가기도 합니다. 또한, 이런 경우는 오히려 부모가 간섭하지 않는 것이 더 도움이 되기도 합니다. 하지만 이런 경우에도 부모의 지속적인 관심과 애정과 보살핌이 전제되는 경우에만 가능하다고 할 수 있습니다.

또한, 이러한 기질의 아이들은 그렇게 많지 않기 때문에 대부분은 자녀가 이렇게 이야기하더라도 자녀의 마음을 살펴보고 적절한 개입을 하는 것이 필요한 경우가 대부분입니다. 이 부분에서도 계속 이야기해온 것처럼 자녀의 특성에 잘 맞추는 것이 역시 중요한 부분이라고 할 수 있겠습니다.

이번 장에서는 자녀가 이렇게 자신이 알아서 하겠다는 식의 반응을 보일 때 부모가 어떻게 자녀의 진로와 관련된 부분을 다뤄주는 것이 효과적일지 살펴보도록 하겠습니다.

먼저 자녀가 이렇게 이야기하는 배경이 어떤 것인지 살펴볼 필요성이 있습니다. 먼저는 앞서 잠시 이야기한 것처럼 정말 독립적인 성향의 아이인 경우입니다.

이러한 아이의 성향을 알기 위해서는 먼저 부모가 자녀의 기질을 양육해오면서 어느 정도 알고 있을 것이기 때문에 부모의 양육 경험에 비추어 판단해 볼 수 있습니다. 또는 여기에 추가로 이와 관련해서 심리검사 등 전문적인 도움을 받아보는 것도 좋습니다. 최근에는 학교의 Wee Class 등에서도 간단한 심리검사가 무료로 진행 가능하기 때문에 이런 방법을 활용해 볼 수도 있습니다.

이런 기질의 아이를 알아보는 방법의 하나는 학교 공부나 자신이 해야 할 일을 부모가 별다른 개입을 하지 않아도 스스로 잘 해내는지 보는 것입니다. 만약 그렇다면 자녀는 좀 더 독립적인 성향일 가능성이 큽니다.

이런 경우는 앞서 이야기한 것처럼 부모가 따뜻한 정서적 지지를 해주고 자녀가 좌절하거나 실패를 경험했을 때 같은 편이 되어주는 것이 중요합니다. 또한, 자녀가 스스로 계획을 세우고 이를 실천해 나가는 과정을 함께해주고 격려해주는 방식의 양육이 효과적이라고 할 수 있습니다.

반면 그렇지 않은데 이런 식으로 이야기를 하는 경우에 대해서는 앞서 이야기한 것처럼 자녀의 자율성이 커가면서 자신의 주관이 생겨나지만 이를 부모와 아직 나누기에는 꺼리는 상황이라고 할 수 있습니다.

이런 경우 지속적으로 자녀와 대화를 나누려는 시도를 해보는 것이 필요합니다. 그리고 자녀가 작은 표현이라도 한다면 이를 잘 따라가 주고 격려해주는 것이 필요합니다.

자녀는 자신의 이야기가 부모에게 거절당하거나 별다른 존중을 받지 못할까 봐 자신이 알아서 하겠다는 식의 태도를 보일 수 있습니다. 이런 경우 자녀의 표현을 계속해서 격려하고 자녀가 작은 표현을 했을 때 먼저 판단을 하거나 조언을 하기보다는 우선 자녀의 말을 있는 그대로 받아들여 주는 것이 좋다고 할 수 있습니다.

이런 경험이 쌓여서 자녀에게 부모가 자신의 이야기를 충분히 들어주고 자신의 편이라는 생각이 들었을 때 부모가 비로소 좀 더 조언에 가까운 이야기를 해주는 것이 좋습니다.

그렇지 않으면 심지어 부모의 말이 옳다고 여기는 경우에도 이 시기의 청소년들은 부모의 말을 거부하는 모습도 보이게 됩니다. 실제로 그것이 옳냐 그르냐의 문제가 아니라 자신을 존중해주는지가 이 시기의 청소년들에게 더 중요한 주제가 되기 때문입니다.

이 부분에서 부모님들이 많이 빠지게 되는 함정이 부모의 말이 맞는데 왜 안 듣는지 모르겠다고 이야기하는 부분입니다. 옳고 그름보다는 자녀가 자신의 자율성이 한창 발현되고 있는 시기이기 때문에 이런 자율성에 대한 존중이 더 중요하게 여겨지는 시기라는 점을 부모님들이 염두에 두고 대화를 하는 것이 자녀와의 관계에 도움이 되는 방식이라고 할 수 있습니다.

이 시기에는 슬슬 자녀도 자신의 삶에서 진로라는 것이 꽤 중요한 것이라는 생각을 가지기 시작합니다. 그런데 초등학교 때는 이상적으로 현실 가능성을 생각하지 않고 진로에 관해 이야기한다면 중학교부터는 조금씩 이것이 현실적으로 가능한지를 어렴풋이 생각하기 시작합니다.

그러다 보니까 많은 일이 원하기는 하지만 실제로는 어려울 것 같고 부모가 허락하지 않을 것 같다는 생각들이 생기면서 이를 진지하게 고민하거나 부모와 의논하기보다는 그냥 알아서 하겠다며 미뤄두는 모습이 나타나는 것이라고도 볼 수 있습니다.

그러므로 부모 역시도 자녀의 이런 마음에 공감해주고 현실 가능성을 따지기 전에 일단 자녀가 어떤 진로를 생각해 보거나 이런 고민을 하고 있다는 점에 대해 공감해주고 격려해주는 것이 필요합니다. 자녀가 먼저 이야기하지 않는다면 먼저 같이 생각해 보자고 이야기하고 자녀가 자신이 알아서 하겠다고 한다면 그러면 먼저 스스로 알아보는 방법을 알려주고 좀 기다려 주는 것이 순서라고 할 수 있습니다.

여기서 자녀가 어려움을 표하거나 하면 이를 부모가 도와줄 수도 있고 자녀가 별다른 이야기가 없다면 부모가 나서서 또 도와줄 것이 없는지 물어보고 하는 방식으로 단계적으로 자녀가 진로에 대해 할 수 있는 것부터 탐색하고 경험해보면서 조금씩 자신감을 가져나갈 수 있도록 돕는 것이 중요하다고 할 수 있습니다. 좀 더 세부적인 부분은 아래의 예시를 통해 살펴보도록 하겠습니다.

중학교 시기는 자율성이 크게 발현되어 가고 있는 시기이면서 이러한 자율성을 스스로 어떻게 다뤄야 할지 혼란스러워하는 시기라고도 할 수 있습니다.

그러므로 부모가 이런 자녀의 어려움을 이해하고 자녀가 스스로 자율적으로 선택하고 경험해 볼 수 있도록 옆에서 격려와 지지를 해주면서 조금씩 가이드해주는 것이 중요한 시기라고 할 수 있습니다.

때로 부모에게 다소 감정적인 이야기를 하기도 하나 이를 발달단계에 따른 모습으로 여기고 부모가 마찬가지로 감정적으로 대하는 것이 아니라 현명하게 자녀와 대화를 해나가는 것이 중요하다고 할 수 있습니다.

사례로 보는 대화법

부모: ㅇㅇ아, 이제 ㅇㅇ이도 슬슬 앞으로 무엇을 할지도 생각해 보면 좋을 텐데 생각해 본 게 있어?

자녀: 음, 생각해 본 건 있어요.

부모: 그래? 어떤 건데?

자녀: 그냥 그런 건 제가 알아서 할게요. 어떻게 되겠죠.

부모: 그래? 그래도 먼저 좀 생각을 해보고 준비를 하면 좀 더 효과적일 수 있는데 ㅇㅇ이가 알아서 하더라도 어떤 것을 생각해 봤는지 이야기해줄 수 있어?

자녀: 음… 그냥 좀 돈 많이 벌 수 있는 일을 하면 좋을 거 같아요.

부모: 그래? 돈이야 많이 벌면 좋긴 하지. 그런데 돈을 많이 벌 수 있는 일도 다양하잖아? 그 중에 어떤 것을 하고 싶은데?

자녀: 뭐, 지나다 보면 좀 알게 되지 않을까요?

부모: 하하, ㅇㅇ이가 아직 이런 이야기를 하기가 별로 좋지 않은 모양이구나. 그래도 엄마(아

빠) 생각에는 이제 조금씩 이런 부분을 생각해 나가야 할 것 같거든? 그러면 ㅇㅇ이가 먼저 돈 많이 버는 일이 뭐가 있는지 한번 찾아볼래?

자녀: 음… 귀찮긴 한데 한번 생각은 해볼게요.

부모: 그래. ㅇㅇ이가 인터넷도 살펴보고 주위 친구들이나 사람들에게도 물어보고 엄마(아빠)랑 다시 이야기해 볼까?

자녀: 네. 한번 그래 볼게요.

위의 예시에 따라 이런 식으로 대화를 하는 것이 좀 부모로서 쉽지 않을 수 있습니다. 빨리 계획을 세우고 뭔가를 해야 한다는 마음이 부모가 들 수 있기 때문입니다. 하지만 앞서 이야기한 것과 같이 과정을 거쳐서 이야기하는 것이 자녀가 받아들이고 스스로 동기를 가지고 해나가는 데 도움이 된다고 할 수 있습니다.

아마도 저렇게 이야기를 하고 나면 자녀가 아주 약간은 찾아볼 수 있지만 아마도 그렇게 구체적이지는 않을 것입니다. 이는 자녀의 나이를 생각해 보면 당연합니다.

그러면 이를 부모가 예상하고 부족한 부분을 부모가 좀 더 도와주겠다고 나서서 같이 탐색해보고 여러 가능한 방안들에 대해 장단점을 같이 생각해 보고 또 자녀가 생각해 보고 찾아볼 수 있는 시간을 주고 또다시 함께 고민해 보고 필요한 부분은 지원해주고 하는 방식으로 진로탐색을 해나간다면 효과적으로 자녀의 진로발달을 도울 수 있을 것입니다.

08

$\blacklozenge\ \blacklozenge\ \blacklozenge$

"'저 그거 말고 이제 다른 거 할래요'라고 할 때 너무 화가 나요" 자녀의 변화에 대한 부모의 대화법

앞서 초등학생의 경우는 1년에도 몇 번씩 진로목표가 바뀔 수 있다는 점을 이야기하였습니다. 그런데 중학교 시기에는 이제 어느 정도 방향을 잡고 꾸준히 해나가길 원하는 것이 부모의 마음일 것입니다. 또한, 이렇게 하는 것이 진로에 있어서 효과적인 방법이 될 수 있습니다.

그런데 중학생이 되고 나서도 계속해서 목표가 바뀌는 경우도 있습니다. 이런 경우 부모가 조바심이 나기도 하고 어느 정도 부모로서 투자를 하였는데 이런 것들이 헛수고가 되는 것 같아 화가 나기도 합니다.

초등학생의 경우는 아직 탐색이 많이 필요한 시기라 다양한 경험을 격려하게 되지만 중학생의 경우는 좀 다른 접근이 필요합니다. 중학교 시기에도 진로를 변경할 수 있습니다. 그리고 확신을 하기까지 몇 번 진로를 변경하는 것은 자연스러운 일일 수 있습니다.

그러나 중학생 정도 되면 자녀가 탐색의 과정으로서 이런 변경을 하는 것인지 아니면 어떤 것에도 자신감이나 흥미를 느끼지 못하고 중간에 포기하게 되는 것인지를 살펴볼 필요가 있습니다. 왜냐하면, 이제부터는 좀 더 현실적으로 실현 가능한지 그리고 자녀에게 이 진로가 맞는지를 좀 더 면밀하게 살펴볼 필요가 있기 때문입니다.

또한, 자녀도 조금씩 이런 부분을 살펴볼 수 있게 됩니다. 그러다 보니까 자신이 하기 어려울 것 같으면 중간에 하지 않겠다고 이야기하기도 하는 것입니다. 여기서 부모의 대응이 중요하다고 할 수 있습니다.

우선 자녀가 중간에 무언가를 배우거나 시도하다가 그만두는 경우가 얼마나 빈번한지 그리고 얼마나 오랫동안 지속을 하는지 살펴볼 필요성이 있습니다. 예를 들면 음악으로 진로를 생각하다가 그만두고 체육을 하다가 또 그만두는 경우는 꽤 발생하게 됩니다. 진지하게 음악을 진로로 선택하고 전문적인 학원에 다녔는데 1달도 되지 않아 그만두겠다고 한다면 이는 아마도 그쪽 진로와는 잘 맞지 않거나 충분히 숙고하지 않고 진로를 선택한 경우일 수 있습니다.

그런데 이후 또 체육이나 다른 진로를 선택해서 다시 전문적으로 배우기 시작하였는데 또 1달도 되지 않아 그만둔다고 한다면 이런 경우에는 진로에 대한 탐색이 충분하지 않은 상태에서 너무 급하게 행동으로 옮긴 것일 가능성이 큽니다.

이후 다시 공부하기로 하고 공부를 하려고 하나 이 역시도 잠시 하다가 하지 않겠다고 하는 경우들도 많이 보게 됩니다. 이런 경우에는 어떤 진로가 내게 잘 맞느냐는 차원의 문제라기보다는 진로에 대한 충분한 숙고가 없이 진로를 너무 빠르게 결정한 것이 문제라고 할 수 있습니다.

그러므로 이런 경우에는 차분하게 자신이 진로로 삼을 목표를 좀 더 현실적이고 자신의 특성에 맞게 깊이 있게 고민해 보는 것이 필요합니다. 또한, 이런 시간을 좀 가진 후에 다시금 선택하는 것이 필요할 수 있습니다.

이런 과정에서 진로상담을 학교의 Wee Class나 전문적인 상담기관을 통해서 받아보는 것도 좋은 방법이 될 수 있습니다. 아무래도 체계적으로 전문가의 도움을 받으면서 여러 면에서 탐색을 해보면 좀 더 자신에게 맞는 선택을 할 가능성이 커지기 때문입니다. 또한, 이런 과정 자체가 자신의 진로를 심도 있고 진지하게 고민해 보는 계기가 되어 그 과정 자체로도 좋은 경험이 될 가능성이 큽니다.

그러므로 자녀가 중학생이 된 이후에도 자주 진로를 바꾸는 경우는 바로 결정을 내리거나 행동으로 옮기기보다는 좀 더 탐색하는 시간을 두고 깊이 있게 고민해 보는 것이 필요할 수 있습니다.

반면 이렇게 진로를 변경하는 일이 그렇게 잦지 않은 경우라면 자녀가 진로를 변경하고 싶어 하는 이유를 충분히 들어보고 면밀하게 검토해보는 것이 필요합니다. 그래서 정말 자녀가 이 진로에서 어려움을 경험하고 있고 다른 진로를 선택하는 것이 좋다고 여겨진다면 1, 2번 정도는 그동안 투입된 시간과 노력이 있다고 하더라도 변경을 하는 것은 장기적인 관점에서 좋은 결과로 이어질 수 있습니다.

왜냐하면, 상담을 하다 보면 몇 년 동안 음악과 같은 진로를 계속하였는데 중간에 그만두는 것이 좋겠다고 생각했으나 그러지 못하고 너무 오랫동안 지속하다가 변경할 시기를 놓쳐 이도 저도 되지 않아 심한 심리적 어려움을 경험하는 경우들을 보기 때문입니다. 이 경우 부모도 점점 더 자녀의 진로변화를 허용하기가 어려워지고 자녀의 심리적인 어려움은 더욱 가중되어 결국에는 어떤 정신적인 증상이 나타난 후에야 훨씬 더 많은 것을 포기하면서 진로를 변경하게 되기도 합니다.

자녀가 꽤 오랜 시간 어떤 진로를 지속한 경우도 진로를 바꾸더라도 적응적으로 생활해 나갈 수 있으므로 이런 경우에는 잘 고민해 보고 자녀의 어려움이 너무 크다고 여겨지는 경우에는 진로를 변경하는 것이 좋다고 할 수 있습니다.

오히려 이런 경우에는 이번에는 진로에 대한 고민을 더욱 충분히 하고 자신에게 맞는 선택을 할 수 있도록 더 여러 측면을 고려하고 생각해 보는 계기로 삼을 수 있습니다.

사실 어떤 진로나 일을 실제로 해보기 전까지는 자신에게 잘 맞는지 완전히 알기 어렵습니다. 그러므로 어떤 일이 내게 잘 맞지 않는 경험을 하는 것은 그만큼 다음에 선택할 때는 자신의 진로에서 더 효과적이고 자신에게 맞는 선택을 할 가능성을 높여준다고 할 수 있습니다.

그래서 이런 기회로 생각하고 부모자녀가 서로를 존중하며 대화를 하여 현명하고 현실적인 대안을 세우는 계기로 삼는다면 오히려 전화위복이 될 수 있습니다.

크게 두 가지 경우로 나눠 첫째, 너무 빈번하게 자녀가 진로를 변경하는 경우에는 좀 더 시간을 가지고 구체적이고 다방면으로 자신에 대한 탐색과 이해를 한 후에 선택할 수 있도록 돕는 것이 필요합니다.

둘째로 꽤 오랫동안 지속했던 진로를 바꾸고자 하는 경우 자녀가 고민하는 부분을 충분히 살펴보고 자녀가 진로를 지속하는 것이 좋지 않다고 여겨지는 경우에는 더욱 심도 있는 탐색을 통해 다른 대안을 선택할 수 있도록 돕는 것이 필요합니다.

사례로 보는 대화법

자녀: 엄마(아빠), 음악을 하고 싶었는데 생각해 보니까 좀 별로인 것 같아서 그만하고 싶어요

부모: 그래? 아직 학원에 다닌 지 얼마 되지 않았는데 생각이 변했어?

자녀: 네.

부모: 어떤 것 때문에 그래?

자녀: 그냥 재미없고 제가 생각했던 것이 아닌 것 같아요.

부모: 그렇구나. 그러면 좀 실망했을 것 같네. 그런데 ㅇㅇ이가 이전에는 운동선수가 되고 싶다고 하여 운동을 배웠는데 그때도 1달도 되지 않아서 그만뒀고 그때는 음악이 하고 싶다고 하여 이렇게 한 건데 또 비슷한 일이 생겼네?

자녀: 네… 그런데 이것도 재미가 없어요.

부모: 그래, 그러면 ㅇㅇ이가 자신이 원하는 것을 잘 모르는 것 같아. 그래서 지금 당장 다른 것을 또 한다고 해도 비슷한 일이 생길 것 같아.

자녀: 네…

부모: 그러니까 당장 뭔가를 더 해보기보다는 ㅇㅇ이가 뭘 하고 싶은지를 좀 더 깊이 있게 생각해 보는 것이 좋을 것 같아.

자녀: 음… 그런데 사실 잘 모르겠어요 그냥 이것도 하고 싶고 저것도 재미있을 것 같고 그래요.

부모: 그래. 그런 것들도 있지만 이제 ㅇㅇ이도 나한테 잘 맞을 것 같은 일을 좀 찾아봐야 할 것 같아. 재미있을 것 같아서 해봤지만 잘 안 맞기도 하잖아. 그러니까 내가 꾸준히 할 수 있는 일인지도 좀 생각해 볼 필요가 있을 것 같네.

자녀: 네 그러게요.

부모: 그래서 이런 부분은 사실 여러 가지를 경험해보는 것도 필요하고 또 나 자신에 관해서 좀 더 잘 아는 것도 필요하거든. 그래서 이런 관련된 진로상담이나 이런 걸 받아보면 어때? 학교에서도 가능하고… 다른 기관도 있는 모양인데.

자녀: 음… 좀 귀찮을 것 같은데. 그런 생각은 나중에 해도 되지 않아요?

부모: 그래도 이제 ㅇㅇ이도 중학생이고 우리나라는 사실 어느 정도 진로를 생각해 놓는 게 필요하거든. 어떤 진로는 빨리 시작하지 않으면 할 수 없는 일들도 있고 말이야. 그래서 한번 이참에 ㅇㅇ이의 특성도 알아보고 할 겸 이런 진로상담을 받아보면 어때?

자녀: 음. 그럼 한번 해보는 것도 괜찮을 것 같아요.

사실 이런 상황이 발생하면 부모의 경우 상당히 감정적으로 화가 날 수 있습니다. 왜냐하면, 자녀가 어떤 진로와 관련된 행동을 할 때 부모는 돈과 시간이 들어가기 때문입니다. 그래서 효과적으로 한 번에 선택한 일에 자녀가 몰두해서 진로를 계속해 나가기를 원하게 되곤 합니다.

그렇다고 하더라도 위의 예시처럼 부모가 어느 정도 이성적으로 다가 갈 필요가 있습니다. 왜냐하면, 여기서 자녀에게 화를 내거나 해봐야 자 녀를 위축시키고 부모-자녀 관계만 악화시킬 가능성이 크기 때문입니 다. 그렇게 되면 자녀가 적응적으로 생활하거나 진로에 있어서 제대로

된 선택을 하는 것은 더욱 요원한 일이 되어버립니다.

그래서 이런 일이 생겼을 때는 자녀가 스스로 이렇게 자주 진로를 바꾸고 있다는 점을 자각하고 좀 더 심도 있게 자신의 진로를 계획하고 지속할 수 있는 일에 대해 생각해 볼 수 있도록 하는 계기로 삼는 것이 좋다고 봅니다. 그러기 위해 앞서 이야기한 것처럼 진로상담과 같은 전문적 도움을 받는 것도 하나의 계기를 마련하는 방법이 될 수 있습니다. 또는 주위에 자녀가 관심을 가지는 일을 하는 사람이 있다면 이런 사람과 만남을 주선해주는 것도 좋은 방법이 될 수 있습니다.

결론적으로 자녀가 좀 더 현실적이고 구체적으로 자신에게 맞는 진로를 탐색할 수 있도록 돕는 방향의 대화가 필요하다고 할 수 있겠습니다.

5

Chapter

"뭐부터 시작해 볼 수 있을까?"
진로설계와 함께 구체적인 행동이 필요한
고등학생 시기

01

♦♦♦

중학교 3학년~고등학생 시기는
구체적인 계획과 행동이 함께 이뤄져야 한다

중학교 3학년 혹은 고등학생 시기부터는 좀 더 구체성이 필요합니다. 사실 이야기하지 않아도 대부분의 대한민국 학부모라면 중학교 3학년이라는 단어를 듣는 순간 입시가 떠오를 것입니다. 특히나 수시 제도로 인해 사실 이르면 중학생 혹은 초등학생부터도 입시가 시작된다고도 볼 수 있습니다.

대부분의 경우 중학교 3학년이 되면서 우선은 어떤 고등학교에 가게될지에 대한 선택을 마주하게 됩니다. 우선 이에 대한 고민에서 시작해볼 수 있을 것입니다. 앞서 이야기해온 것과 같이 이제 중학생까지가 진로탐색과 진로설계를 해오는 시기였다고 한다면 이제는 구체적인 선택들을 해나가는 것이 요구된다고 할 수 있습니다.

이전에는 대부분 일반계(인문계) 고등학교에 가는 경우가 많았지만,

이제는 정말로 자신의 선택과 진로를 따라 특성화고등학교에 진학하는 경우도 많이 있습니다. 예를 들어 취업이 잘되는 특성화고의 경우는 중학교 내신점수를 매우 높게 받아야지만 진학이 가능한 경우도 많이 있습니다. 반도체라든지 자동차와 관련된 옛날로 치면 공업고등학교와 비슷한 그런 특성화고의 경우도 매우 높은 경쟁률을 자랑하기도 합니다.

한편 자신의 목표를 따라 예술고등학교라든지 요리, 만화, 코딩 등과 관련된 특성화고에 진학할 수도 있을 것입니다. 이와 같이 선택지가 많아진 것에 비해 부모들은 여전히 일반계(인문계) 고등학교나 특목고를 가서 좋은 대학교에 진학하는 방식만을 생각하고 있을 수 있습니다. 반면 자녀는 특성화고 진학을 원하고 있는 경우라면 좀 더 유연하게 고민해 보고 결정하지 않으면 자녀와 큰 갈등을 경험하기도 합니다. 그리고 예전과는 다르게 무조건 일반계(인문계) 고등학교에 진학하여 소위 말하는 명문대에 가는 것만이 정답처럼 작용하는 시대도 지나가고 있다고 할 수 있습니다.

특성화고를 나와서도 얼마든지 사회적으로 성공하고 자신이 만족하는 일을 하면서 만족스러운 삶을 살아갈 수 있는 시대가 되었습니다. 별계획 없이 일반계(인문계) 고등학교에 가고 4년제 대학교에 진학한 것보다 훨씬 좋은 결과로 이어지는 사례들을 많이 볼 수 있게 되었습니다. 그러므로 다양한 선택지가 많아진 만큼 이에 대해 구체적으로 탐색하고 계획을 세우는 것이 더욱 중요해졌다고 할 수 있습니다.

특성화고등학교에 가는 경우에도 취업뿐만 아니라 전문대나 4년제 대학교에 진학할 수도 있습니다. 일반계(인문계) 고등학교에 진학하는 경우에도 대부분 전문대나 4년제 대학교에 진학하겠지만 그렇지 않고 취업을 하게 되는 경우도 있습니다. 그러므로 대부분 일반계(인문계) 고등학교 진학과 4년제 대학교 진학을 우선적인 목표로 삼던 부모세대와는 다르게 지금의 중, 고등학생은 더 많은 것들을 고려해야 하게 되었습니다.

그러므로 늦어도 중학교 3학년 정도부터는 어떤 고등학교에 갈지부터 나아가 고등학교 졸업 후 취업을 할지 전문대나 4년제 대학교에 진학할지 등을 고민하고 어느 정도 방향성을 잡는 것이 중요합니다. 이런 방향성 없이 그냥 덮어놓고 공부나 열심히 하라는 식이라면 자녀가 공부에 대한 동기를 얻기 어렵고 나아가 부모에 대한 반항심을 키우거나 부모-자녀 관계에 큰 갈등이 발생할 수 있습니다.

그러므로 부모와 자녀는 학업, 진로, 진학 등에 있어서 한 팀이라는 생각으로 마치 중요한 경기를 앞둔 운동선수와 감독처럼 어떤 전략을 수립할지 치밀하게 함께 고민해나가는 것이 필요하다고 할 수 있습니다. 다만 여기서도 부모가 원하는 방향으로 자녀를 너무 몰아가지 않도록 주의가 필요합니다. 부모의 욕심이 앞서 자녀가 원하지 않는 방향을 강요하게 되는 경우 대부분 좋지 않은 결과로 이어지게 됩니다.

앞서 계속 이야기해온 것과 같이 지금의 세대는 개성과 자신이 원하는 것을 매우 중요시하는 세대입니다. 서울대 의대에서도 자퇴하는 학생들이 발생합니다. 그중 몇몇은 아마도 부모가 시키는 대로 공부를 하였고 본인도 머리가 좋고 해서 정신없이 공부해서 목표하던 서울대 의대에 왔지만, 막상 오고 나서야 "이게 정말 내가 원하는 삶인가?"와 같은 정체성에 대한 질문을 마주하였을지도 모릅니다.

또한, 의대에서 하는 공부가 자신이 원하던 것이 아니고 잘 맞지 않는다고 느낄 수도 있습니다. 그런 상황에서 지금의 세대들은 그래도 "지금까지 한 것이 있으니까 잘 안 맞아도 해보자"라고 하기보다는 과감하게 그만두는 결정을 내리는 경우가 많습니다. 그래서 서울대 의대를 자퇴하고 다른 길을 또 찾아가게 된다면 한동안은 방황하거나 결과적으로는 상당한 노력과 시간을 비효율적으로 사용한 것이 된다고 할 수 있습니다.

기왕이면 이런 시행착오를 줄이는 것이 좋기 때문에 중학교 3학년 시기부터는 정말로 내가 공부하고 싶거나 내가 하고 싶은 일과 관련된 분야를 잘 고민해 보는 것이 중요하다고 생각합니다. 그렇지 않고 그냥 통념상 좋은 학과라든지 좋은 직업이라든지 하는 것을 쫓아가게 되었을 때는 결국 정체성의 혼란을 경험하거나 일에 만족하지 못하고 다른 길을 찾아보게 되는 결과로 이어질 수 있습니다.

이러한 고민에 기반을 두고 내가 되고 싶은 목표에 적합한 고등학교에 진학하고 관련된 일을 시작하거나 혹은 대학교에 진학하는 것으로 이어질 수 있도록 진로를 계획하고 발전시켜나가는 것이 필요합니다. 우리나라에서는 여전히 진로에 대한 고민보다는 공부를 그냥 잘하고 보자는 식의 시험점수 향상에만 몰두하고 있는 경향이 있습니다. 하지만 방향성이 없이 그저 시험점수만을 향해 가는 것은 그야말로 속이 비어 있는 공허함을 결국에는 마주하게 된다고 생각합니다.

당장은 성적을 올리고 경쟁하느라 정신없이 시간이 지나간다고 하더라도 대학교에 진학하고 나서 결국에는 "이것이 내가 원하던 것인가?"라든지 "나는 이제 앞으로 뭘 하고 사는 거지?"와 같은 질문을 마주하고 혼란스러워하게 될 수 있습니다. 외국의 경우는 이런 고민을 청소년기에 하게 되지만 우리나라는 청소년기에 치열한 입시경쟁으로 인해 이런 정체성에 대한 고민이 유예된 채 대학교에 와서 혼란을 경험하고 그제야 자신의 방향성을 고민하는 경우가 꽤 많습니다. 이런 경우 순서가 바뀐 것이기 때문에 자신이 진학한 학교나 학과가 자신에게 잘 맞으면 그래도 다행이지만 그렇지 않은 경우 큰 혼란과 시행착오를 경험하게 됩니다.

이런 경우를 방지하기 위해서라도 중학교 3학년쯤부터는 앞서 말한 것과 같은 고민들을 해나가고 구체적이고 실질적인 계획과 실천방안을 세워 하나씩 해나가는 것이 중요하다고 할 수 있습니다. 이번 장에서는 중학교 3학년에 고등학교에 진학하는 것과 고등학생의 경우 진학 혹은 취업을 하게 되는 경우에 마주하게 될 수 있는 상황들을 중심으로 이 시기의 진로에 있어서 부모의 역할 등에 대해 다뤄나가고자 합니다.

02

♦ ♦ ♦

여전히 "공부는 왜 하나요?"라고 묻는 중학교 3학년~고등학생에게는 좀 더 구체적인 대화와 계획설계가 필요하다

"공부는 왜 해야 하나요?"라는 질문에 대해 앞선 장에서 중학생 아이에게 어떻게 답해야 하는지 다루었습니다. 같은 질문을 중학교 3학년이나 고등학생 자녀가 할 수도 있습니다. 이 경우 중학생과 비슷하지만 좀 더 구체적이고 실제로 실천으로 옮길 수 있는 진로설계가 필요합니다. 왜냐하면, 중학교 3학년은 고등학교 입학을, 고등학생은 취업이나 대입을 앞둔 시기이기 때문에 더욱 구체적인 방향성과 행동으로 이어지지 못한다면 막연한 불안감을 경험할 수 있기 때문입니다.

사실 지금의 부모세대는 별로 생각해 보지 않았을 수도 있습니다. 학생의 본분은 공부니까 공부를 해야 한다고 이야기하기도 했습니다. 하지만 이런 당연히 학생이니까 공부를 해야 한다는 논리는 현재의 고등학생 정도 나이의 청소년에게는 별로 설득력을 가지지 못합니다.

계속해서 이야기해온 것과 같이 지금의 세대는 자율성과 개성, 자신이 하고 싶은 일과 같은 요인들이 매우 중요한 세대입니다. 자율성이 침해받거나 자신이 하고 싶은 일이 아니라고 여겨지면 몇 년간 열심히 준비해서 합격한 공무원도 1년도 되지 않아 그만둬 버리는 것이 지금의 세대입니다.

"그러므로 하기 싫어도 그냥 공부는 해야 하는 거야" 혹은 "먹고 살려면 공부를 해야지!"라고 부모가 말한다면 그야말로 자녀와 대화가 이뤄지기 어려울 것입니다. 그렇다면 어디에 부모가 관심을 기울이면 효과적인 대화가 될 수 있을까요? 그야말로 이제는 부모가 자녀가 공부하기를 원한다면 공부를 해야 하는 이유를 납득할 수 있게 해줘야 하는 시대가 되었다고도 할 수 있겠습니다.

자녀에게 이야기해 줄 수 있는 공부를 해야하는 현실적으로 가장 큰 이유는 진로와 연관된 것입니다. 약간 극단적인 예를 들자면 의사가 되고 싶지만, 공부는 하기 싫다고 이야기한다면 이것은 진로성숙도가 매우 낮은 상태라고 할 수 있겠습니다. 의사가 되기 위해서는 공부를 굉장히 잘해야 하고 특히 입시에 필요한 공부를 전국에서 최상위권에 드는 수준으로 해야 한다는 것을 부모가 이야기해 줄 수 있습니다. 당연한 이야기처럼 들릴 수 있지만, 아이들은 의외로 그런 생각을 하지 못하는 경우가 꽤 있습니다.

진로라는 것은 결국 이상과 현실의 타협이 되는 경우가 많습니다. 그러므로 더욱 구체적으로 이야기를 나누는 것이 더 도움이 됩니다. 예를 들면 의사가 되고 싶다면 수능점수가 얼마 정도가 나와야 하는지 어떤 선택과목을 선택해야 하는지, 어느 학교의 의대를 목표로 삼을 수 있을지 이야기를 구체적으로 나누는 것이 필요합니다. 이런 이야기를 하다 보면 자신이 해낼 가능성이 있는지 없는지 자연스럽게 알게 됩니다.

중학교 3학년~고등학생 정도라면 이제 자신이 공부를 통해 어느 정도 성적까지 받을 수 있을지 대략적인 감을 잡을 수 있을 것입니다. 물론 어떤 계기가 있어서 극단적으로 열심히 공부한다면 엄청나게 성적을 올릴 수도 있겠죠. 하지만 여기서는 그런 극단적인 상황을 배제하고 일반적인 상황에 관해 이야기해 보겠습니다. 그것이 우리 대부분이 해당하는 이야기일 테니까요.

자 그러면 앞선 예를 이어나가 보면 현재 상태에서 어느 정도 열심히 공부하면 의대를 갈 수 있는 상황이라면 부모가 최대한의 지원을 해줘서 자녀가 의대를 가는 목표를 세우고 공부를 하도록 도울 수 있을 것입니다. 또한, 의사가 되었을 때의 장점을 이야기해준다든지, 의사로서의 사명감이나 사회적 기여와 같은 일의 의미에 관한 이야기를 해줘 자녀가 좀 더 힘을 내서 공부를 지속할 수 있도록 도와줄 수 있을 것입니다.

반면 도저히 그 정도 점수가 불가능하다면 의대가 아닌 다른 의학 계열의 학과나 직업을 목표로 공부를 해보는 방안을 생각해 볼 수 있을 것입니다. 이 과정에서도 자녀와 함께 의논하고 자녀의 의견을 존중해주는 것이 매우 중요합니다. 그렇게 했을 때만 자녀도 자신의 선택이 포함된 결정이기 때문에 자발적으로 공부를 할 수 있게 되기 때문입니다.

그래서 이 정도 시기의 자녀들에게는 무엇보다도 구체적인 목표와 당장 행동으로 옮길 수 있는 실행계획, 그리고 실제로 행동으로 옮기는 실행이 가장 중요한 단계입니다. 공부를 하는 방향으로 진로를 잡았다면 공부를 해야 하는 이유에 대해서도 구체적으로 생각해 보고 명확한 목표를 가지는 것이 학습에 대한 동기를 높일 수 있습니다.

 다른 예를 들어보면 공부가 비교적 덜 중요한 진로를 목표로 하는 예도 있을 수 있습니다. 그런 경우는 아무래도 공부를 열심히 해야 한다고 무조건 이야기하기보다는 기본적인 수준의 공부를 하고 나머지는 진로와 관련된 노력을 더 하는 것으로 계획을 세울 수도 있겠죠. 가장 쉽게 생각해 볼 수 있는 것이 예체능 계열로 목표를 잡은 경우일 수 있습니다. 그렇지만 그래도 대학에 진학하겠다면 대부분의 어느 정도 수준 이상의 대학교는 입학하기 위해 최저등급을 요구하는 경우가 많기 때문에 결국 여기에 필요한 공부를 해야 합니다.

 이런 부분이 듣고 보면 당연한 것 같지만 아이들은 그냥 막연하게만 생각하고 부모도 그냥 막연하게 자녀를 공부하라고 다그치기만 하는 경우가 많습니다. 그러므로 진지하고 구체적으로 이런 부분에 대해 자녀와 대화를 나누고 계획을 세우고 공부하는 과정을 부모가 함께해주는 것이 중요하다고 할 수 있습니다. 그럴 때 자녀가 부모의 신뢰와 지지를 받고 있다고 느끼고 이를 기반으로 스스로 필요한 공부나 진로준비 행동을 해나갈 수 있게 된다고 할 수 있습니다. 그러면 이와 관련하여 대화 예를 통해서 한번 살펴보겠습니다.

자녀가 구체적인 목표를 가질 수 있도록 부모 역시도 함께 알아보고 공부한다는 마음으로 구체적으로 대화를 나누는 것이 중요합니다. 이 과정에서 다그치거나 혼내는 방식이 아니라 부모가 함께 도와서 계획을 세워보자고 하며 자녀를 존중해주는 자세가 중요합니다.

사례로 보는 대화법

자녀: 엄마(아빠) 공부를 왜 해야 하는지 모르겠어요.

부모: 그래? 예전에는 당연히 공부해야 한다고 생각하기도 했는데 요즘은 그렇지 않은 경우들도 있는 것 같구나. 일단 학교의 공부는 사회생활을 하는 데 있어서 어느 정도 필요한 기초적인 지식을 배우는 면이 하나 있단다.

자녀: 그렇지만 학교에서 배우는 게 무슨 쓸모가 있는지 모르겠어요. 미적분 같은 것을 생활에서 쓰진 않잖아요.

부모: 그런 부분도 있긴 하지. 사실 공부를 해야 하는 현실적인 이유는 진로랑 관련이 있어. 만약 ㅇㅇ이가 의사가 되고 싶어 한다면 공부를 해야지만 의대를 갈 수 있고 의대를 졸업해야지만 의사가 될 수 있기 때문이지.

자녀: 그건 그렇긴 하네요. 의사가 되고 싶으면 공부를 해야겠네요. 그런데 저는 사람을 치료하거나 돕는 일을 하고 싶긴 하지만 의사가 되기는 어려울 것 같아요. 그 정도로 공부를 할 수 있을 것 같지는 않아요.

부모: 그래. 모두가 원한다고 의사가 될 수 있는 것은 아닐 수 있지. 그리고 꼭 모두가 의사가 되어야 하는 것도 아니란다. 어쩌면 의료 쪽에 ㅇㅇ이에게 더 잘 맞는 일이 있을 수도 있어. 그런 게 뭐가 있을까?

자녀: 음 글쎄요. 간호사도 가능할 것 같고 병원에서 일하는 사람이 될 수도 있을 것 같아요. 그런 일도 괜찮을 것 같아요.

부모: 그래. 그러면 간호사가 되기 위해서는 성적이 어느 정도 필요하고 우리 ㅇㅇ이가 갈 만

한 간호대가 어디 있는지 먼저 함께 알아볼까? 그러면 공부를 어느 정도까지 해야 할지도 알아볼 수 있지. 그리고 간호사 말고도 병원에서 일하는 직업들은 또 어떤 것이 있는지도 알아보자.

자녀: 그렇게 해보면 좋을 것 같아요.

부모: 그러면 엄마랑 같이 한번 어떤 대학교에 간호대가 있고 간호대를 가기 위해서는 보통 성적이 어느 정도 필요한지 먼저 한번 찾아보자.

자녀들은 아직 청소년이고 경험이 별로 없기 때문에 구체적이고 현실적인 부분은 생각하지 못하고 그냥 개념적으로 혹은 추상적으로만 생각하고 나는 못 할 것 같다고 생각해서 그냥 공부를 포기해버리는 경우들이 많습니다.

의사의 예를 계속 들어보면 의사가 돈을 많이 벌고 다들 좋다고 하니 되면 좋겠다고 막연히 생각하지만, 어느 정도 성적이 필요한지 무엇을 해야 하는지 구체적으로 잘 모르고, 잘 모르겠지만 어려울 것 같아서 그냥 공부는 안 하고 아무것도 안 하는 상태가 계속되는 경우가 꽤 많습니다. 이런 경우가 가장 나쁜 경우로 중요한 시간만 낭비하는 것이 될 수 있으며 대부분 부모와의 갈등으로 이어져 부모-자녀 관계도 악화되는 경우가 많습니다.

때문에 부모가 입시나 공부, 진로 등에 관해 구체적이고 현실적으로 함께 탐색하면서 가능한 방안들을 제시해주고 격려해준다면 자녀가 좀 더 동기를 가지고 진로준비행동과 학업을 해나갈 수 있을 것입니다.

03

❖❖❖

"나도 잘 하고 싶어요" 말은 못 해도
대한민국에서 공부나 무언가 잘하고 싶지 않은 아이는 없다

청소년기, 특히 중학교 3학년~고등학생의 시기는 자신이 무엇이 되고 싶고 무엇에서 능력을 발휘하며 살아갈지가 중요한 주제가 됩니다. 그럴 수밖에 없는 것이 중학교 3학년은 고등학교 입학 그리고 고등학생은 졸업 후 취업이나 대학입시가 눈앞에 있습니다. 지금까지는 미뤄뒀을 수도 있는 정체성이나 미래에 대한 고민이 의식으로 올라오는 것은 당연하다고 할 수 있습니다.

하지만 지금까지 준비가 잘 되어있지 않거나 자신감이 없을 때 아이들은 방황하게 됩니다. 단순히 공부를 못하는 것이 문제가 아니라 하고 싶은 것이나 잘할 수 있을 것 같은 것이 없다는 점이 문제가 됩니다. 그러면 자연스럽게 학교생활에 성실하게 임하지 않고 비행을 저지르게 되는 경우도 많습니다.

청소년기의 특성상 자신이 없거나 진로에 대한 탐색이 부족한 경우 솔직하게 이에 대해 직면하여 고민하거나 이야기를 나누기보다는 비행을 저지르거나 아무것도 하지 않고 시간만 보내는 등의 회피적인 행동을 하게 될 수 있습니다. 하지만 마음속으로는 자신도 무언가 잘해서 인정받는 사람이 되고 싶은 마음이 강하게 자리 잡고 있습니다. 그러므로 아무것도 잘할 수 없을 것 같은 자신을 인정하기 어려워 여러 문제를 일으키기도 하게 되는 것입니다. 그래서 이런 경우 부모가 더욱 허심탄회하게 자녀와 대화를 나누려는 노력이 필요합니다.

부모세대 때는 하기 싫어도 참고 학교에 가야 한다고 여겼지만, 지금의 세대는 그렇지 않습니다. 공부하기 싫고 다른 하고 싶은 것도 없다면 그저 그런 친구들끼리 어울리면서 방황하며 돌아다니고 그러다가 범죄에 연루되거나 비행 행동을 하게 되는 경우를 상담 등을 통해 많이 만나게 됩니다.

그러므로 하고 싶은 일을 찾는 것은 단순히 공부를 하고, 안 하고를 넘어서 자녀의 건강한 성장과 매우 중요한 연관성을 가진다고 할 수 있습니다. 그리고 청소년기의 특성상 말로 하지 못할 뿐이지 대부분의 청소년들은 자신이 무언가에서 능력을 발휘하고 인정받기를 원합니다. 그러므로 공부나 다른 하고 싶은 것이 없는 경우 이런 인정을 서로 해줄 수 있는 또래 집단과 더욱 깊게 어울리고 함께 이해해주고 방황을 하다가 비행 행동 등으로 이어지게 되는 것입니다.

그렇다면 어떤 것에도 아직 별 흥미를 느끼지 못하고 있는 자녀에게 부모는 어떻게 다가가는 것이 좋을까요? 먼저 자녀가 좋아하는 것에 진심으로 관심을 보여주는 것이 필요합니다. 사실은 하고 싶은 것을 찾는 것은 좀 더 앞선 시기에 이뤄졌어야 하는 것이라고 할 수도 있지만, 그것이 잘되지 않았을 수도 있고 지연되기도 합니다. 그러므로 지금이라도 이에 대해 진지하고 구체적으로 탐색하는 것부터 시작할 필요가 있습니다.

이때 부모가 적극적으로 나서준다면 자녀도 이제 자신도 눈앞에 닥친 현실이 있기 때문에 이전보다는 좀 더 잘 따라올 가능성이 큽니다. 여기서 중요한 것은 자녀가 하는 말이 조금 부모의 기대에 못 미치거나 방향이 다르다고 여겨져도 일단은 자녀의 말에 진심으로 관심을 가지면서 들어주는 것이 필요합니다.

먼저 충분히 들은 후에 부모가 염려되는 부분이나 조언에 관해 이야기해야 이에 대해 자녀도 같이 생각해 보게 됩니다. 그러나 많은 부모들이 성급하게 부모가 경험상 가지고 있는 정답이라고 생각하는 것을 아이가 충분히 이야기하기도 전에 꺼내 버립니다. 그러면 아이는 부모에게 충분히 신뢰받거나 존중받지 못했다고 느끼고 마음의 문을 닫아 버릴 수 있습니다. 그러므로 먼저 충분히 듣고 이야기하는 것이 중요하다고 할 수 있겠습니다.

만약 자녀가 게임을 좋아한다면 게임 개발자나 게임 관련 디자이너와 같은 직업을 생각해 볼 수도 있습니다. 이 정도 시기라면 큰 이변이 없는 이상 어느 정도 성적을 자신이 받을 수 있을지 예상해볼 수 있는 시기입니다. 그러므로 관심사와 함께 실제로 가능한 대안들을 살펴보는 것이 가능하고 이것이 중요하다고 할 수 있습니다. 구체적인 계획일수록 실제로 실행으로 옮길 힘을 주기 때문입니다.

이는 앞서 이야기한 것과 비슷한 맥락이긴 하지만 여기서 중요한 것은 진정한 관심을 가지는 것입니다. 그냥 듣는 척만 하는 것이나 부모가 원하는 방향으로 유도하는 대화는 자녀들이 이에 대해 금방 알아차리고 대화를 하지 않으려고 하게 됩니다. 그러므로 자신이 잘 모르거나 뭔가 부족해 보이더라도 자녀의 관심사에 진심으로 관심을 가지고 먼저 들어보는 것이 중요합니다.

그리고 자녀가 하고 싶은 것을 부모가 정해주려는 방식은 이제 지금의 시대에는 거의 불가능한 것이 되어가고 있는 것 같습니다. 그러므로 자녀가 관심을 가지는 것을 잘 듣고 그것을 사회적으로 잘 발휘할 수 있도록 돕는 것이 부모의 역할이 되는 것 같습니다. 때문에 부모가 이런 태도를 가지고 대화하는 것이 중요하다고 할 수 있습니다.

대화법 포인트!

자녀의 관심사에 대해 진심 어린 관심을 가지고 대화하는 것이 중요합니다. 은연중에 부모가 원하는 방향으로 이끌려고 하거나 판단하려는 마음을 접어두고 먼저 진심으로 듣는 것이 중요합니다.

사례로 보는 대화법

부모: ㅇㅇ이가 이제 점점 진로에 대해 좀 더 구체적으로 계획을 세워야 할 시기가 오는 것 같

은데 ㅇㅇ이는 뭐가 하고 싶어?

자녀: 글쎄 잘 모르겠어요. 그냥 배달이나 장사를 해야 할지도 모르겠어요.

부모: 그래? 배달은 어떻게? 배달하는 것이 요즘도 잘 되나?

자녀: 사실 배달은 그냥 하는 얘기인데 요즘은 좀 돈 벌기도 힘들고 일도 힘들다고 하긴 해요.

부모: 그럼 그냥 대안이 없어서 하는 이야기 같기도 하네. 일단 ㅇㅇ이가 뭐를 좋아하는지 한 번 잘 생각해 보면 어떨까?

자녀: 흠… 글쎄요… 좋아하는 건 게임이요.

부모: 그래? 그럼 게임이면 어떤 게임을 좋아하는데?

자녀: LOL이요 엄마는 모를 수도 있어요.

부모: 아 그래? 엄마도 이름은 들어봤어. 어떤 점이 재미있는 거야?

자녀: 친구들이랑 같이 하는 것이 좋고 이기면 기분이 좋아요.

부모: 그렇구나. ㅇㅇ이는 누구랑 뭔가를 같이 하는 걸 좋아하나 보네?

자녀: 아무래도 혼자 하는 것보다는 그런 것 같아요.

부모: 흠… 그러면 게임개발 같은 것도 여러 사람이 팀으로 한다고 하는데 게임 개발자 같은 일은 어때?

자녀: 그것도 좋을 것 같긴 한데 공부를 많이 해야 하는 거 아니에요?

부모: 글쎄 지금 ㅇㅇ이의 성적이나 아니면 조금만 더 올린 성적 정도로도 진학할 수 있는 곳이 있을 거야. 그리고 개발자의 경우는 학력이나 이런 것보다도 실력을 우선시하는 면이 있다고 하니까 학교 공부는 좀 부족해도 ㅇㅇ이가 열심히 하면 아마 잘 할 수 있을걸?

자녀: 그래요?

부모: 그래 그러면 먼저 우리 게임 개발자에 대해 한번 같이 알아볼까?

자녀: 네.

여기서 중요한 것은 자녀가 자신 없어 할 때 부모가 격려해주고 현재 상황에서 가능한 방법을 부모가 함께 찾아보기 위해 노력하는 모습입니다. 이렇게 자녀가 자신 없어 하는 부분을 지원해주는 것이 부모의 역할이라고 할 수 있습니다. 그럴 때 자녀는 든든하게 느끼고 자존감이 높아지고 나아가 스스로 공부와 같은 진로 관련 행동을 해나가게 됩니다.

그리고 다시 한번 강조하지만, 자녀의 의사에 반해 부모가 원하는 방향으로 자녀를 이끌려고 하면 이는 좋지 않은 결과로 이어질 가능성이 큽니다. 계속 이야기해온 것과 같이 지금 세대의 특성상 자신이 원하는 일이 아니면 잠깐은 부모의 말을 따르는 듯 보여도 결국에는 하지 않게 될 가능성이 크기 때문입니다. 그렇게 되면 많은 시행착오와 시간 낭비를 하게 될 수 있기 때문에 최대한 자녀가 원하는 방향을 잘 찾고 이를 걸어나갈 수 있도록 돕는 것이 중요하다고 할 수 있습니다.

04

◆ ◆ ◆

"하고 싶은 일은 있는데 공부를 못해서 못할 것 같아요."
입시와 진로, 현실적 계획 수립, 대안 모색 등
과정을 함께해주는 대화법

상담을 하거나 청소년들을 만나다 보면 많이 듣게 되는 이야기 중의 하나가 하고 싶은 일이 있기는 한데 공부를 못해서 못하거나 자신이 능력이 부족할 것이라고 여기는 말입니다. 자신이 무엇을 하고 싶은지 아예 모르겠어 하는 청소년들과는 또 다르게 이런 유형의 청소년들은 어느 정도는 방향성이나 생각하고 있는 것은 있지만 자신감이나 자존감이 부족한 경우들이라고 할 수 있습니다.

자신감이나 자존감에 대해 생각해 보면 사실 이런 자신감이나 자존감은 갑자기 생겨나거나 갑자기 줄어드는 것은 아니라고 볼 수 있습니다. 특히나 자존감의 경우는 어린 시절부터의 발달과정 그리고 기질적인 특성에 영향을 상당히 받는다고 할 수 있습니다. 자신감 역시 비슷한 부분이 있는데 이 역시 꾸준한 격려와 성공 경험 등이 수반될 때 키워진다고 할 수 있습니다.

그러므로 자녀들이 이런 모습을 보인다면 부모로서 좀 더 격려해주는 것이 필요할 수 있으며 성공 경험을 많이 할 수 있도록 돕는 것이 중요합니다. 다만 중학교 3학년에서 고등학생 정도가 되었는데 이렇게 이야기한다면 고등학교 졸업 후 일단 진로를 어느 정도 정해야 하는 우리나라의 현실에 비추어보면 우선은 격려와 성공 경험을 쌓는 것과 더불어 부모가 어느 정도 이끌어 주면서 성공 경험을 해나갈 수 있도록 도와주는 것이 필요합니다.

그 대표적인 분야가 바로 우리나라의 입시와 학교 내신 공부라고 할 수 있습니다. 만약 아주 전형적으로 자신이 원하는 학과나 전공이 명확한데 성적이 부족해서 못 갈 것 같다고 하는 청소년이 있다고 한다면 먼저 필요한 성적을 얻기 위해 노력해 볼 수 있는 것들에 관해 이야기를 나눠 볼 수 있습니다.

여기서 중요한 점은 성적은 그냥 얻어지는 것이 아니라는 점입니다. 성적을 얻기 위해서는 더욱 노력하고 공부하는 시간을 늘리거나 학원을 가거나 하는 등의 추가적인 노력이 필요하다는 점입니다. 그런 시간과 노력을 투자할 의지가 자녀에게 있는지 그만큼 그 전공이나 진로를 원하는 것인지에 대한 상당히 심도 있는 대화가 필요하다고 할 수 있습니다.

이런 청소년들에게 부모님이 '그러면 당연히 공부를 더 열심히 해야지'라고 이야기하면 자녀는 그게 안 되어서 그런 거 아니냐 하는 계속해서 쳇바퀴 도는 듯한 잔소리만 반복되고 그 과정에서 감정적인 소모와 함께 관계만 나빠지는 경우가 많습니다.

그러므로 이런 경우에 그야말로 좀 더 본질적이고 구체적인 대화가 필요하다고 할 수 있습니다. 예를 들자면 만약 의대를 가고 싶거나 의학 계열에서 일하고 싶은데 의대를 갈 성적은 도저히 무리라고 여겨진다면 이에 대해 허심탄회하게 이야기하고 아쉽지만, 대안을 생각해 볼 수 있습니다. 의사가 아닌 의학 계열의 다른 전공이나 진로를 탐색해 볼 수 있습니다. 특히나 고등학생이고 어느 정도 성적이 결정된 상태라면 이런 식의 접근이 더더욱 중요하다고 할 수 있습니다. 때에 따라서는 꼭 그 진로를 원한다면 반수나 재수를 선택할 수도 있습니다.

여기서 중요한 것은 어떤 결론이 나느냐 하는 것도 중요하지만 대화의 과정입니다. 자녀가 스스로 생각하고 선택하도록 돕는 것이 중요합니다. 그리고 그 선택이 자신에 의한 것이며 그것으로 인한 장단점, 그리고 자신이 투자하고 때로는 견뎌야 하는 것이 무엇인지 충분히 생각해 보고 결정할 수 있도록 그 과정을 함께해주는 것이 중요하다고 할 수 있습니다. 그렇게 해야지 자녀가 그 진로와 방향성을 계속해서 유지하고 지속해 나갈 힘이 생깁니다.

많이 겪게 되는 잘못된 예시로 부모의 욕심으로 자녀의 능력이나 상황 혹은 자녀의 동기보다 높은 수준의 목표를 설정하고 무조건 따르도록 밀어붙이는 경우입니다. 최근에 이와 관련된 사례로 의대를 다니다가 자퇴를 하게 되는 경우도 종종 생겨납니다. 그러므로 무조건적인 부모의 의지가 아닌 자녀가 스스로 선택하고 그 책임을 지고 스스로 삶을 살아갈 수 있도록 돕는 것이 중요합니다.

　이는 당장 입시도 중요하지만, 장기적으로 봤을 때 결국 대학에서의 적응과 사회에서의 적응에까지 연결되는 중요한 요소라고 할 수 있습니다. 이를 간과하였을 때 대학에 와서 막상 전공이 자신이 원하는 것이 아니라는 것을 알고 방황하거나 많은 시간을 낭비하게 되는 경우들을 주변에서 많이 보게 되는 것 같습니다. 그러므로 앞서 말한 맥락의 대화가 매우 중요하다고 할 수 있습니다.

　반면 자녀의 의지가 확고하고 방법을 잘 모르는 경우도 있습니다. 이런 경우는 부모가 나서서 뒷받침을 확실하게 해주는 것이 필요할 수 있습니다. 우리나라의 현실적인 입시 제도상 학생이 혼자서 알아서 제도를 파악하고 자신에게 유리한 전형을 선택하고 하는 것들이 쉽지 않은 것이 현실입니다. 그러므로 이런 경우는 부모가 전문가의 도움을 받거나 전문학원 등의 도움을 받아서 자녀가 원하는 정보를 얻고 학업을 통해 원하는 진학을 할 수 있도록 확실하게 지원해 주는 것이 필요하다고 할 수 있습니다.

　여기서 중요한 점은 그저 학원 등에만 맡겨두는 것이 아니라 지속적인 관심을 자녀에게 보여주는 것입니다. 잘하는지 못하는지에 대한 관심은 오히려 자녀에게 부담으로 작용할 수 있으나 필요한 것이 없는지 살피고 자녀의 진로와 관련된 입시제도 등 준비해야 할 것을 부모도 공부하고 준비하는 과정을 함께 체크하고 같이해준다면 자녀가 든든한 후원자로 느낄 수 있을 것입니다. 이런 것이 결국 부모-자녀 관계 및 진로

모두에 도움을 줄 수 있는 대화법이라고 할 수 있습니다.

대화법 포인트!

자녀가 자신 없어 하는 부분에 관해 구체적이고 공감 어린 대화를 통해 어떤 부분에서 도움이 필요한지 파악하고 부모가 원하는 것이 아닌 자녀가 원하는 것을 이루기 위한 도움을 주는 것이 중요함. 또한, 자녀가 이런 과정을 자신감 있게 해나갈 수 있도록 필요한 지원을 해주면서 든든한 동반자로서, 후원자로서 역할을 하는 것이 중요함.

사례로 보는 대화법

부모: ㅇㅇ이도 이제 곧 대학을 준비하거나 앞으로 진로를 좀 더 구체적으로 준비해야 할 텐데 ㅇㅇ이는 생각해 본 게 있니?

자녀: 그러게요. 하고 싶은 것이 있긴 한데 뭘 어떻게 해야 할지 그리고 할 수 있을지 모르겠어요.

부모: 그래? 어떤 걸 해보고 싶은데?

자녀: 잘 모르겠어요. 할 수 있을지…

부모: 괜찮아. 그래도 할 수 있는 방법이 있는지 한번 같이 생각해 보자. 이야기해 볼래?

자녀: 저는 운동도 좋아하고 학교에서 보니까 선생님도 좋은 것 같아서 체육 선생님이 되면 어떨까 하는데 그거는 공부 잘해야 한다고 계속 애들이 그래서 잘 모르겠어요.

부모: 그렇구나. 엄마(아빠)가 생각하기에도 ㅇㅇ이가 체육을 잘하고 좋아하니까 좋을 것 같고 또 다른 사람을 잘 가르쳐주거나 친구들에게 뭔가를 잘 알려주는 것 같아서 선생님을 하면 좋을 것 같은 생각이 드네. 그런데 성적이 좀 높아야 하는 것은 사실일 거야. 그런데 그 성적은 도저히 힘들 것 같아?

자녀: 음… 잘 모르겠어요. 지금 성적에서 조금 더 올리면 될 것 같기도 하고… 그런데 성적을 올릴 수 있을지 모르겠어요.

부모: 음… 그러면 엄마(아빠) 생각에도 그 정도면 지금 상태에서 가능할 수도 있을 것 같고 요즘은 입시전형이 많으니까 한번 가능한 학교나 학과가 있는지 같이 한번 알아보자. 일단 담임선생님이랑 진로진학 선생님과 한번 엄마(아빠)가 상담해 볼게. 그리고 학원 선생님한테도 한번 물어보자.

자녀: 네…

부모: 아마 그러면 가능한 곳이 있을 수 있어. 그런데 지금보다 조금 더 공부하거나 학원을 늘리거나 해야 할 수도 있고 입시 준비를 따로 해야 할 수도 있는데 그런 것들은 괜찮아?

자녀: 네, 그런 것은 하면 할 수 있을 것 같긴 해요… 좀 힘들긴 하겠지만…

부모: 그래, 그러면 한번 방법이 있는지 찾아보자. 그리고 만약 학교 선생님이 되는 것이 너무 어려울 것 같으면 체육학과에 가서 비슷하게 다른 사람들이나 학생을 가르칠 수 있는 진로들이 있으니까. 그것도 한번 같이 고려해보고 찾아보자.

자녀: 네 좋아요.

부모: 그래, 너무 걱정하지 말고 엄마 아빠가 같이 도와줄 거니까 함께 잘 찾아보자. 분명 ㅇㅇ이에게 맞는 방향들이 있을 거야.

계속해서 이야기하지만 앞서 예시에서도 나타나는 것과 같이 과정을 함께해주는 것과 과도하게 자녀를 부모의 뜻대로 행동하도록 밀어붙이지 않는 것이 가장 중요한 요인이 된다고 할 수 있겠습니다.

그리고 계속해서 자녀를 격려하고 지지해주는 표현들을 함께해주는 것이 자녀의 자신감과 자존감 향상에 도움이 된다고 할 수 있겠습니다.

이와 더불어 부모가 훨씬 더 정보가 많고 사회경험이 있기 때문에 필요한 조언은 적절하게 덧붙여 주는 것이 좋습니다. 특히나 입시를 준비한다면 이와 관련된 정보를 부모도 함께 준비하고 공부하는 마음으로 관련된 제도 등을 적극적으로 알아봐 주는 것이 중요합니다.

현실적으로 자녀 혼자 이를 준비하기란 어렵습니다. 물론 자녀의 기질에 따라 독립적으로 혼자 알아보고 하는 것을 선호하는 경우도 있어 이런 경우는 자녀에게 맡기는 것이 더 효과적이기도 합니다. 그렇지만 그렇지 않은 경우에는 부모가 도움을 최대한 주려고 하는 것이 좋다고 할 수 있습니다.

또한, 대학입시를 준비하지 않고 고등학교 졸업 후 취업을 하는 경우도 마찬가지입니다. 어떤 자격증이 필요한지 어느 곳으로 주로 취업을 하게 되는지 등등 당장 취업을 해야 하기 때문에 더욱 부모가 관심을 가지고 학교 등에 관련된 정보를 계속해서 알아보고 함께 준비해주는 것이 필요하다고 할 수 있습니다. 그렇지 않은 경우 자녀는 현실의 어려움에 좌절감을 느끼거나 방황하게 될 가능성이 있다고 할 수 있습니다.

이런 부분들에 있어서 필요한 경우 전문가의 도움을 받을 수도 있고 학교 선생님의 도움을 받을 수도 있습니다. 그리고 부모가 해당 분야에 대한 지식이나 경험이 많거나 주변에 그런 사람이 있는 경우 부모가 직접 혹은 주변 지인을 통해 정보제공 등 실질적인 도움을 주는 방법도 있습니다. 이런 모습들이 자녀에게 실질적인 도움이 되기도 하지만 자녀는 부모가 자신에게 관심을 가지고 지지해준다는 느낌을 받기 때문에 자신감과 자존감 향상에도 도움이 된다고 할 수 있습니다. 그리고 이러한 자신감과 자존감이 자신의 진로와 학업을 꾸준히 효과적으로 해나갈 수 있는 원동력이 되게 됩니다.

05

♦ ♦ ♦

"뭐부터 해야 할지 같이 찾아볼까?"
자녀와 진로와 관련된 과정을 함께해주세요

고등학교 시기는 취업을 준비하거나 입시를 준비하는 등 이제 성인으로서 삶을 준비해나가는 시기가 된다고 할 수 있습니다. 그런데 어떤 방향성을 가지고 준비한다고 하더라도 우리나라의 경우 현실적으로 부모의 도움 없이 이러한 미래를 준비하기는 쉽지 않습니다.

예를 들어 특성화고등학교에 다니면서 취업을 준비한다면 아직 청소년인 자녀가 일의 세계에 관한 이해를 하고 어떤 일을 할지 선택하기란 현실적으로 쉽지 않습니다. 그러므로 직업이나 일을 선택함에 있어서 고려해야 하는 사항들을 부모가 조언해주고 함께해주는 것이 좀 더 효과적인 준비를 하는 데 도움이 될 수 있습니다.

이는 입시를 준비하는 경우에는 더욱 그렇습니다. 대학진학을 위한 제도가 상당히 복잡해져 자녀가 스스로 정보를 탐색하면서 이를 준비하는 데는 더욱 한계가 있기 때문입니다. 또한, 어떤 학과나 학교에 진학하는 것이 미래에 어떻게 일이나 직업으로 이어지는지 아직 청소년인 자녀가 감을 잡기 어려운 경우가 많습니다. 이런 부분에 있어서 부모가 도움을 준다면 자녀에게 실질적인 도움이 되고 또한 부모에 대한 신뢰를 높일 수도 있을 것입니다.

부모가 해당 분야에 전문적인 지식이 있다면 더욱 직접적인 조언을 할 수도 있지만 앞서 이야기한 것처럼 이런 경우 자칫 부모의 일방적인 강요로 여겨지거나 부모가 자기도 모르게 너무 자신의 주장만을 고집할 가능성이 있습니다. 그렇게 되면 자녀와의 관계도 나빠지고 제대로 된 진로준비를 하기도 어려워집니다. 그러므로 어느 정도 잘 아는 분야이더라도 자녀와 함께 찾고 준비해나가고 선택은 자녀의 몫으로 두는 것이 좋습니다. 부모의 도움이 있었다고 하더라도 스스로 선택하였을 때 자녀가 더 지속적으로 노력을 해나갈 수 있을 가능성이 크기 때문입니다.

고등학생이 되었다고 하더라도 앞으로 진로를 어떻게 준비해야 할지 감을 잡지 못하는 경우가 많습니다. 고등학교를 졸업하고 바로 일을 하고자 하는 경우라면 처음으로 어떤 일을 하는 것을 목표로 할지 부모와 함께 고민해 보는 것이 필요하다고 할 수 있습니다.

이런 경우 청소년인 자녀는 단순히 돈을 많이 벌거나 보기에 좋아 보이는 직업을 이야기할 수 있는데 이런 부분에 있어서 부모가 일에서 고려해봐야 할 부분들을 같이 이야기해주면 도움이 될 것입니다. 예를 들면 급여의 경우 돈을 많이 벌게 되는 대신에 위험하거나 힘든 일을 하게 될 수도 있습니다. 이런 부분에 대해 자녀가 괜찮게 여기는지 같이 이야기해 볼 수 있을 것입니다. 또한, 안정적이지만 돈은 별로 많이 벌지 못하는 일이 있을 수도 있습니다. 이런 경우 안정성이 더 중요한지 수입이 더 중요한지 생각해 보게 할 수 있을 것입니다.

이런 과정을 통해서 좀 더 명확하게 자신이 하고 싶은 일을 목표로 세우고 이를 준비하기 위한 과정으로서 고등학교에 다닌다면 훨씬 안정감을 가지고 필요한 준비를 해나갈 수 있을 것입니다. 또한, 학교생활 역시도 결과적으로 훨씬 적응적으로 해나갈 수 있습니다.

그렇지 않으면 졸업 후에 대해 막연한 불안감을 느끼면서 부적응적으로 생활하게 되는 경우도 종종 발생하게 됩니다. 특성화고등학교에 다니면서 그냥 공부는 하기 싫고 막연하게 나중에 무언가 일을 하겠지 하고 학교에 다니는 경우 학교 공부에 흥미를 느끼기도 어렵고 비행이나 부적응적인 생활을 할 가능성이 커집니다.

반면 자신이 어떤 일을 할지 목표가 분명한 경우 이를 위해 학교 공부를 하고 이에 필요한 자격증과 대회 등을 준비하면서 상당히 적응적이고 적극적으로 미래를 준비해나가기도 합니다. 그러므로 이 시기에 부모가 자녀에게 이런 방향성을 가질 수 있도록 도와주는 것이 매우 중요하다고 할 수 있습니다.

대학교 입학을 위해 입시를 준비하는 경우에도 아주 구체적인 계획이 중요합니다. 우리나라에서 입시가 중요한 것은 어제, 오늘의 일이 아니긴 하지만 입시제도가 점점 더 복잡해지고 경쟁도 여전히 매우 심한 상황입니다.

한편 일의 세계를 생각해 보면 점점 변화가 많아지고 자신이 좋아하는 일을 찾아서 하는 것이 중요해지고 있습니다. 앞서 이야기한 것들과 같이 현재, 그리고 미래의 세계에서는 자신이 좋아하고 자신만의 일을 찾는 것이 중요하다고 할 수 있습니다. 그리고 지금 세대의 특성상 그렇지 않으면 공무원이 되었든, 의대에 진학하였든 결국에는 그만두게 되는 사례들이 계속해서 나타나고 있습니다.

그러므로 이와 관련된 중요한 선택을 하고 준비를 하게 되는 시기가 바로 고등학생 시절이라고 할 수 있습니다. 사실 이상적으로는 고등학교에 오기 전에 이런 부분이 준비되어 있다면 더 좋겠지만 약간 부족한 부분이 있더라도 지금부터라도 앞으로 어떤 분야에서 일하고 싶고 이를 위해 어떤 학교의 어떤 전공에 진학하는 것이 좋을지 생각해 보는 것이 필요한 시기라고 할 수 있습니다.

문제는 입시제도가 점점 복잡해지면서 부모와 다른 사람의 도움 없이 학생이 혼자서 이를 이해하고 자신에게 맞는 준비를 하기란 쉽지 않다는 점입니다. 그러므로 이 시기가 부모의 적극적인 도움이 필요한 시기가 될 수 있습니다. 그런데 부모가 자녀에게 이를 맡겨두고 스스로 선택하고 스스로 잘 해내기를 바라는 경우도 많습니다. 이는 자녀의 자율성을 존중해주는 것처럼 보이기도 하지만 한편으로는 자녀에게 너무 과한 짐을 지워서 자녀가 결과적으로 부담감에 아무것도 하지 못하는 결과로 이어지기도 합니다.

그 때문에 이 시기에는 부모도 각자의 상황에 따라 다르겠지만 입시제도 등에 대해 관심을 가지고 적어도 자신의 자녀가 어떤 선택을 하고 준비하는 것이 좋을지 같이 탐색하고 공동의 목표와 계획을 세우는 것이 중요하다고 할 수 있습니다. 이렇게 할 때 자녀는 부모를 든든하게 여기고 안정감을 가지고 함께 미래를 준비해 나갈 수 있을 것입니다.

부모가 입시제도에 대해 잘 알고 있다면 이를 활용할 수도 있지만, 대부분의 경우 그렇지 않을 것이기 때문에 이 부분에서는 각자의 환경에 맞게 전문가의 도움을 받는 것도 좋은 방법이 될 수 있습니다. 컨설팅 등을 활용할 수도 있을 것이고 인터넷, 그리고 주변의 지인 등을 통해 정보를 탐색할 수도 있습니다.

이런 정보탐색을 기반으로 하여 자녀와 함께 이야기를 나누고 자녀가 어떤 방향을 원하는지 들어보고 이에 적절하다고 생각되는 방법들을 이야기해주는 것이 좋은 방법이 될 수 있습니다. 이런 과정을 통해서 부모와 자녀가 함께 계속해서 방향성을 탐색하고 입시의 과정을 함께한다면 부모-자녀 관계에도 도움이 되고 자녀의 입시와 진로에도 도움을 줄 수 있을 것입니다.

그렇지 않고 부모가 무관심으로 일관하거나 너무 자신의 방향만을 강요하는 식이 된다면 자녀와의 관계도 깨질 뿐만 아니라 자녀가 입시 준비도 제대로 하지 못하는 결과로 이어지기도 합니다. 그러므로 자녀와 한팀이라는 마음으로 같이 과정을 함께해주고 때로는 부모가 어른으로서 더욱 넓은 시야에서 현실적인 조언과 도움을 주는 것이 중요하다고 할 수 있습니다.

자녀가 혼자서 생각하거나 찾기 힘든 정보와 관점을 자녀에게 제공해주는 것이 중요함. 하지만 이 과정에서 부모가 자신의 의견만을 고집하거나 강요하지 않는 것이 중요함. 자녀가 스스로 탐색하고 선택하는 과정에서 부모가 든든한 조력자로서 함께해주고 최종적인 선택은 자녀가 하고 이에 대해 자녀가 책임감을 느끼고 해나갈 수 있도록 돕는 것이 중요하다고 할 수 있습니다.

사례로 보는 대화법

부모: ㅇㅇ이도 이제 앞으로 무슨 일을 해야 할지 생각해 보면 좋을 것 같은데 좀 생각해 본 게 있어?

자녀: 음, 잘 모르겠는데 게임을 좋아하고 하니까 그리고 컴퓨터도 좋아하니까 게임 개발자가 되면 어떨까 싶어요.

부모: 그래. 게임 개발자나 프로그래머가 되는 것이 앞으로 세상에서 상당히 유망한 일이 될 수도 있겠구나.

자녀: 그렇죠?

부모: 그래. 그런데 게임 개발자가 되기 위해서는 어떤 것을 준비해야 하는지 알아?

자녀: 글쎄요 잘 모르겠어요. 그냥 컴퓨터 관련 학과를 가면 되는 거 아니에요?

부모: 음… 크게 보면 그럴 수도 있는데 다른 방법도 있기는 해. 일단 프로그래머의 경우는 지금은 학교나 이런 것도 중요하지만 실제로 실력에 따라 대우를 받는 경우가 많거든. 그래서 정말 프로그래밍을 좋아하고 잘하는 것이 중요한 것 같거든?

자녀: 그래요?

부모: 그래. 엄마(아빠)가 주위에서 들어보면 대학교를 졸업하기 전에도 실력이 좋아서 꽤 돈을 많이 버는 경우도 있고 좋은 대학을 나와도 적성에 잘 맞지 않아서 일을 잘 못하는

경우도 있는 것 같아. 그래서 이런 부분이 중요한 것 같은데 그러면 ㅇㅇ이가 먼저 컴퓨터와 관련해서 좀 공부를 해보면 어때?

자녀: 음. 그런 것도 괜찮을 것 같아요.

부모: 그래. 그럼 먼저 프로그래밍과 관련된 학원에 가서 한번 어떤지 알아볼까?

자녀: 네. 좋아요.

부모: 그래. 그리고 ㅇㅇ이가 좋은 대학의 컴퓨터 관련 학과를 가면 좋긴 하겠지만 꼭 아주 좋은 대학을 가야 하는 것은 아닐 수도 있거든? ㅇㅇ이는 공부는 어느 정도 할 수 있을 것 같아?

자녀: 그래도 한번 해봐야 알 것 같은데 프로그래밍이 잘 맞으면 그래도 공부도 좀 더 열심히 해서 최대한 좋은 대학을 가고 싶긴 해요.

부모: 그래. 그렇구나. 그러면 일단은 학원에 가서 경험을 해보고 거기서 선생님께 조언도 들어보자. 그리고 진학에 얼마나 성적이 필요한지도 살펴보고 어떻게 준비하는 게 좋을지 한번 보자.

자녀: 네 좋아요.

위 대화의 예시처럼 부모가 해당 분야에 대해 어느 정도 지식을 가지고 있는 경우 이를 활용할 수도 있으며 그렇지 않다면 전문가를 찾아서 이야기를 들어보는 것이 좋은 방법이 될 수 있습니다. 주변에 관련된 일을 하는 지인이 있다면 같이 만남을 가져보는 것도 방법이 될 수 있습니다.

또한, 학과별로 입시제도가 다른 경우도 많기 때문에 무엇을 준비할지도 자녀와 함께 이야기를 나누고 이에 맞는 준비를 할 수 있도록 조력해준다면 자녀도 좀 더 자신감을 가지고 자신의 진로를 준비해 나갈 수 있을 것입니다.

06

♦ ♦ ♦

"그러면 ○○를 만나보면 어때?" 롤모델이 될 수 있는 사람과의 인터뷰 진행

일과 진로에 있어서 한 가지 한계가 되는 부분이 어떤 일에 대해 탐색하는 데 있어서 그 일을 해보기 전까지는 그 일을 완전히 알기 어렵다는 점입니다. 실제로는 자신에게 잘 맞을 것으로 생각하고 일을 했는데 잘 맞지 않는 경우도 있고 자신에게 잘 맞지 않을 것 같다고 생각하고 한 일도 생각보다 자신에게 잘 맞는 경우도 많이 생깁니다.

이러한 한계가 존재하기 때문에 진로와 일에 관한 탐색을 하는 데 있어서 가장 좋은 방법은 그 일을 직접 경험해보는 것입니다. 그러므로 성인이나 대학생의 경우 탐색도 중요하지만, 어느 정도 탐색을 하였으면 그 일을 한 번 경험해보라고 이야기하는 편입니다. 그렇지만 고등학교 시기까지는 우리나라의 상황상 직접 일을 해보기란 쉽지 않습니다.

그렇다면 이러한 한계를 극복하기 위해서 최대한 실제 일을 하는 것에 가까운 간접경험을 해보는 것이 좋은 방법이 될 수 있습니다. 여러 가지 간접경험이 가능합니다. 예를 들면 인터넷에서 정보를 찾을 수도 있고 요즘은 현직자들의 인터뷰 영상도 어렵지 않게 구할 수 있기 때문에 이를 찾아보는 방법도 있습니다.

이런 방법 중 가장 좋은 방법이라고 할 수 있는 것이 실제로 현직자를 만나서 이야기를 나눠보는 것입니다. 인터넷에서 검색하거나 영상자료를 보는 것은 일방적인 측면이 있기 때문에 상호작용을 할 수 있는 실제 만남에 비해 분명히 한계를 가지는 것이 사실입니다. 그러므로 실제 그 분야에서 일하고 있는 사람을 만나보면 언어로 전달되는 정보뿐만 아니라 그 사람을 통해 그 직업에 대해 많은 정보를 얻을 수 있습니다. 또한, 궁금한 부분이나 세세한 부분까지 이야기를 통해 알게 된다는 점이 장점이 될 수 있습니다.

또한, 부모가 이런 만남을 주선해준다면 부모에게 감사한 마음을 느끼기도 하고 부모가 자신에게 이 정도로 관심과 애정을 가지고 있다고 여기게 되어 부모-자녀 관계에도 좋은 영향을 미친다고 할 수 있습니다. 그리고 이런 만남을 부모가 함께한다면 부모 역시도 자녀의 앞으로의 진로에 대해 궁금한 점들을 같이 나누는 과정에서 좀 더 많은 정보를 얻고 자녀와도 상호작용을 하게 되어 부모와 자녀가 같은 목표를 가지고 나아가는 데 도움이 된다고 할 수 있습니다.

이러한 자리를 만드는 방법 중 가장 좋은 것은 부모의 지인 중에 자녀가 원하는 혹은 궁금해하는 진로에서 일하고 있는 사람이 있다면 부탁을 하여 같이 자리를 만드는 것이 가장 좋을 것입니다. 그러면 부모의 지인이기 때문에 더욱 도움이 되는 이야기를 해줄 수 있고 다른 사람에게는 하기 어려운 현실적인 이야기도 해줄 수 있을 것입니다.

만약 부모의 지인 중에 마땅한 사람이 없다면 친척이나 주위 친한 사람들에게 수소문을 해보는 방법도 있을 것입니다. 그렇게 한다면 마찬가지로 소개로 만나게 되는 것이기 때문에 좀 더 깊이 있는 대화가 이뤄질 가능성이 큽니다.

만약 주위에 이런 사람이 없다면 인터넷 등을 통해 전문가를 찾아서 직접 연락을 해보는 방법도 있습니다. 요즘은 많은 사람이 인스타그램이나 유튜브 등을 하고 있고 실제 각 분야의 전문가를 인스타그램이나 유튜브에서 쉽게 찾을 수 있습니다.

이런 분들에게 연락을 해보면 생각보다 쉽게 승낙을 하는 경우도 있습니다. 아니면 약간의 비용을 지불하는 것도 하나의 방법이 될 수 있을 것 같습니다. 그렇다면 좀 더 전문적인, 약간은 교육 차원의 대화도 가능할 것입니다.

진로에 있어서 자녀가 생각하고 있는 진로에 대해 부모로서 우려되는 부분도 있을 수 있고 자녀가 보지 못하는 부분을 보기를 원하는 것이 부모의 마음일 수 있습니다. 이런 차원에서 보더라도 부모가 함께 이런 인터뷰를 진행한다면 서로의 간극을 메우는 데도 도움이 되고 자녀의 진로탐색과 발달에도 긍정적인 영향을 미칠 것입니다.

저는 진로와 관련된 다양한 프로그램 등을 진행하고 있는데 이와 같은 현직자를 인터뷰하는 것이 진로탐색과 발달에 아주 좋은 영향을 미친다고 봅니다. 그래서 진로교육 시 이러한 현직자 인터뷰를 과제로 많이 내주는 편입니다.

그런데 이런 과정이 성인이 된 후 혹은 대학교에서는 꽤 이뤄지지만, 청소년 시기에는 상황상 잘 이뤄지지 않거나 그저 과제로서만 하게 되는 경우도 많은 것 같습니다. 그렇지만 앞서 말한 것과 같이 많은 장점이 있고 고등학생 시기는 이제 진로와 관련하여 1차적인 결정을 내려야하는 시기이기 때문에 어느 정도 진로에 관해 관심을 가지는 방향이 있다면 이런 인터뷰를 진행하는 것이 자신이 생각했던 진로에 대한 확신을 주거나 혹은 자기 생각과 다를 경우 빨리 다른 진로를 찾아보게 하는 계기가 될 수 있을 것입니다.

이런 과정을 통해 자신의 진로에 대해 확신을 하게 된다면 학업적인 측면에서도 좀 더 적극적이고 초점을 맞춰 공부해나갈 수 있을 것입니다.

이런 활동에 대해 자녀의 상황이나 특성에 따라 자녀가 조금 주저하는 경우도 있을 것입니다. 이런 경우 자녀와 어떠한 대화를 통해 인터뷰를 진행할 수 있을지 예시를 통해 살펴보도록 하겠습니다.

대화법 포인트!

자녀가 진로에 대해 확신이 부족하거나 자신과 잘 맞지 않을 수 있는 직업을 큰 고민 없이 정해버리는 경우 부모로서 이에 대해 점검을 해보고 싶은 마음이 들 것입니다. 여기서 부모가 자신의 의견이나 생각만으로 자녀에게 이야기하게 된다면 자녀는 이해나 공감을 받지 못한다고 느껴 관계가 나빠질 가능성이 있습니다.

이런 경우 제3자인 그 분야의 전문가와 만남을 주선한다면 부모가 자신에게 관심을 보여주는 것을 고맙게 여기기도 하고 자녀 역시도 고민되는 부분을 직접 다룰 수 있어 이를 반기게 될 수 있습니다.

사례로 보는 대화법

부모: ㅇㅇ아, 이제 ㅇㅇ이도 진로에 있어서 좀 결정을 해야 할 텐데 ㅇㅇ이가 이전에 육군사관학교에 가고 싶다고 했지?

자녀: 네. 그게 좀 안정적이고 저한테 잘 맞을 것 같아요.

부모: 음 그렇구나. 그런데 엄마(아빠)가 느끼기에는 ㅇㅇ이가 여자이기도 하고 군대에 대해 경험이 없는데. 가서 생각했던 것과 다르면 상당히 어려움이 있을 수도 있을 것 같은데.

자녀: 그래도 제가 보기에는 괜찮은 것 같아요. 장교라는 것이 멋지기도 하고 안정적이잖아요.

부모: 그래, 그런 부분도 있지만 군 생활이라는 것이 생각한 것보다 여러 차원에서 어려울 수도 있어서 걱정되기도 하네. 그러면 엄마(아빠)가 아는 사람 중에 사관학교를 나와서 장교로 일하고 있는 사람이 있는데 한번 만나보고 이야기를 들어보면 어때?

자녀: 아 그래요? 그런데 저는 좀 쑥스럽기도 하고 글쎄 꼭 그렇게 해야 하는지 잘 모르겠어요.

부모: 그래 그럴 수 있지만. 엄마(아빠)가 잘 아는 분이니까 부탁을 해놓으면 편하게 이야기를 할 수 있을 거야. 그리고 실제로 어떤 일을 하는지 궁금하지 않아? 그리고 어려운 점 같은 것도 물어보면 미리 알고 준비를 해둘 수도 있잖아. 그리고 입시에 관련해서도 정보를 얻을 수 있지 않을까?

자녀: 그럴지도 모르겠네요. 그러면 한번 만나보면 좋을 것 같아요.

부모: 그래, 그러면 엄마(아빠)가 걱정하는 부분도 한번 이야기를 해보고 하면 우리 모두에게 좋은 시간이 될 수 있을 것 같다. 그리고 그러면 ㅇㅇ이도 좀 더 공부나 입시 준비에 집중할 수 있을 것 같네.

자녀: 네 좋아요

여기서는 다소 극단적이지만 실제로 꽤 발생하기도 하는 예시를 들어 봤습니다. 시대가 바뀌어 가긴 하지만 여자인 자녀가 직업군인을 하겠다고 하면 부모로서는 걱정이 될 수도 있을 것입니다. 이런 경우 부모의 걱정거리도 있고 자녀도 자신만만하게 이야기하지만, 마음속으로는 이에 대한 걱정이 있을 가능성이 있습니다.

이런 경우 걱정을 그저 묻어 두고 진학을 하는 경우 이것이 추후 어려움으로 다가올 수 있습니다. 그렇다면 이런 걱정을 어느 정도 확인하고 해소한 후 진로를 선택하는 것이 더 좋은 길이 될 수 있을 것입니다. 이런 경우 활용할 수 있는 것이 바로 이런 현직자와의 만남입니다.

실제로 이렇게 하면 밖에서는 알기 어려운 군대의 특성이나 실제 겪게 되는 어려움과 해결방법 등을 이야기할 수 있을 것입니다. 이런 이야기를 듣고도 계속 군인의 진로를 가고 싶다고 한다면 좀 더 확신을 하고 안정적으로 진로를 걸어나갈 수 있을 것이고 그렇지 않다면 다른 대안을 적절한 시기에 생각해 보는 기회가 될 수 있을 것입니다.

부모가 자녀에 대한 걱정이나 진로에 대한 부분을 부모의 생각이나 의견, 경험만을 가지고 이야기하는 것이 아니라 이렇게 현재 일하고 있는 현직자 혹은 전문가를 통해서 같이 경험하게 된다면 자녀도 더욱 객관적으로 느낄 수 있고 부모가 자신에게 이렇게까지 도움을 주기 위해 노력한다고 느껴 부모-자녀 관계에도 큰 도움이 되는 방안이 될 수 있습니다.

◆ ◆ ◆

"엄마는 제가 공부를 하는지 마는지 관심도 없어요" 적절한 관심을 기울이는 방법

우리나라에서 고등학생에게 공부라는 것은 생각보다 많은 의미를 가지게 됩니다. 중학생까지는 그래도 공부를 잘하지 못하더라도 이로 인해 받는 영향이 고등학생에 비해서는 적은 편입니다.

우리나라가 바뀌어 가고 있기는 하지만 여전히 입시 위주의 사회 분위기가 형성되어있는 면이 있습니다. 때문에 사회적으로 고등학생이 공부를 못한다는 것은 여러모로 상당히 문제가 있다는 시선을 받게 됩니다.

타인의 시선이나 평가를 발달단계의 특성상 더욱 중요시하게 되는 청소년기에 이런 시선은 상당히 많은 영향을 미치게 됩니다. 또한, 중학생까지는 공부가 그래도 고등학생에 비해서는 덜 강조되지만, 고등학생이 되는 순간 자신을 대하는 거의 모든 시선이 공부를 잘 하는지 못하는지를 보게 되는 것처럼 느낄 수 있습니다.

학교에서는 말할 것도 없고 주위 어른들이나 부모님, 친척, 그리고 심지어는 친구들까지도 하나둘씩 공부에 관해 이야기하기 시작합니다. 그렇게 되었을 때 자신이 공부를 잘하지 못한다는 것은 무언가 부족한 사람이라고 느끼게 만듭니다.

여기서 그래도 자신이 공부가 아닌 다른 진로를 목표로 하고 있어서 이것을 준비하고 있다면 그래도 이제는 그러한 진로를 준비해나가는 과정이 존중을 받게 되고 스스로도 어느 정도 중심을 가지고 생활을 해나갈 수 있습니다.

그런데 이런 것이 없이 별다른 목표나 방향성 혹은 준비하고 있는 것도 없는 상태에서 공부를 잘하지 못하는 경우 상당한 좌절감을 느끼고 방황하게 될 가능성이 큽니다. 겉으로는 공부 같은 것은 중요하지 않다고 이야기할지 모르겠습니다만 속으로는 자신이 뭔가 쓸모없게 느껴지는 등 부정적인 감정이 커갈 가능성이 큽니다.

이런 상황이 지속된다면 이런 불안감이 점차 화로 바뀌면서 이러한 화가 자신을 향하면 스스로를 자책하면서 우울해지게 되고 밖을 향하게 되는 경우 비행이나 심하면 범죄 행동으로 이어지기도 합니다. 그러므로 고등학생에게 있어서는 특히 이런 공부로 대표되는 학업과 진로를 어떻게 해나가고 있는지가 적응에 중요한 지표가 되곤 합니다.

이번 장의 제목이기도 한 엄마는 제가 공부를 하는지 마는지 관심도 없다는 이야기를 청소년들을 만나면 종종 듣게 됩니다. 그런데 재미있는 것이 이런 이야기는 공부를 잘하는 아이뿐만 아니라 공부를 잘 하지 못하는 아이들, 심지어는 공부에 전혀 관심이 없는 아이들도 이런 이야기를 한다는 것입니다.

부모 입장에서는 좀 황당할 수도 있습니다. 자신이 공부에 관심도 없으면서 이런 이야기를 한다는 것이 말이죠. 하지만 앞서 이야기한 맥락에 비추어 생각해 보면 이는 부모가 자신에게 관심이 없다는 것을 표현하는 것으로 고등학생에게 중요하게 여겨지는 공부를 자신이 잘하고 있는지, 못하고 있는지도 부모가 관심이 없을 정도로 자신에게 애정과 관심을 주지 않고 있다는 불만의 표시입니다. 그러니 꼭 공부를 잘하는지 못하는지와 이러한 청소년의 이야기는 크게 상관이 없을 수도 있습니다.

즉, 중요한 것은 부모의 관심이라고도 할 수 있겠습니다. 자녀가 공부에 관심이 없는 경우 어떤 부모는 자녀가 알아서 하라고 놔두기도 합니다. 그런데 이런 접근은 별로 좋지 않은 것이 그렇게 하면 자녀는 앞서 이야기한 것처럼 부모가 자신에게 관심도 없다고 여겨 더욱 부적응적인 행동을 하게 될 가능성이 있습니다.

그렇게 되면 공부 말고 다른 것을 알아서 하는 것이 아니라 오히려 뭔가 관심을 끌기 위해서 혹은 답답한 마음을 해소하기 위해서 비행이나 범죄를 저지를 수도 있게 됩니다. 부모는 자녀가 알아서 하라고 이야기한 것뿐이고 어떤 경우는 자녀를 존중해줬다고 여길 수도 있지만, 결과적으로는 이처럼 좋지 않은 결과로 이어지는 경우가 대부분입니다.

이유는 청소년기에 중요한 부모의 애정과 관심을 충분히 받지 못했다고 여기기 때문에 이런 부분이 자녀의 발달에 악영향을 미치게 되기 때문입니다.

그런데 또 너무 과도하게 관심을 가지거나 자녀에게 집착하거나 참견하는 경우에는 또 자녀가 이를 거부하기도 합니다. 그러니 고등학생 자녀를 키우는 부모의 어려움은 이런 부분에서 많이 나타난다고 할 수 있습니다.

그렇다면 적절한 관심을 가지는 것이 중요하다고 할 수 있는데 이를 어떻게 할 수 있을까요? 공부를 잘하는 아이나 공부를 잘하지 못하거나 관심이 별로 없는 아이의 경우에도 부모가 적절하게 학업 및 공부를 하는 것에 관해 관심을 보여주는 것이 중요합니다. 그렇지 않으면 너무 관심이 없다고 하거나 혹은 너무 지나치게 참견한다고 여겨 자녀의 건강한 발달에 악영향을 미치기도 합니다.

그러므로 공부를 잘하든 못하든 부모는 특히 고등학생 자녀라면 자녀의 공부에 어느 정도 적절한 관심을 표현하는 것이 중요하다고 할 수 있겠습니다. 그러면 이를 어떻게 하면 좋을지 한번 살펴보겠습니다.

중요한 것은 자녀의 특성에 맞게 대화를 나누는 것입니다. 자녀의 특성에 따라 어느 정도 부모가 관심을 보여주는 것이 적절하다고 여기는지가 다 다를 수 있기 때문입니다.

어떤 아이들은 부모가 조금은 과하게 자신을 지지해주고 관심을 표현해 주기를 원합니다. 반면 어떤 아이들은 부모가 조금 떨어져서 덜 관심을 보여주기를 원하기도 합니다.

하지만 정도의 차이가 있지만, 관심이 없기를 바라는 자녀는 없다고 볼 수 있습니다. 그러므로 자녀의 이런 특성을 잘 파악하여 적절한 수준의 관심을 보이는 것이 중요하다고 할 수 있습니다.

고등학생이라면 대부분 입시나 취업 등 당면한 진로와 관련된 과제를 앞두고 있을 것입니다. 취업에서나 입시에서나 모두 학교 성적은 중요한 요인이 될 가능성이 큽니다. 그러므로 자녀가 목표로 하는 것을 이루기 위해 성적이 어느 정도 필요한지 그리고 그런 목표를 향해 잘 나아가고 있는지 확인하는 방식의 관심이 필요하다고 할 수 있습니다.

여기서 중요한 것은 부모가 자신의 욕심 때문에 관심을 가지는 것이 아니라 자녀가 자녀 자신의 목표를 달성하는 것이 잘 되어가고 있는지 관심을 보여주는 것이 중요하다고 할 수 있습니다. 이렇게 관심을 표현할 때 자녀는 부모가 자신과 같은 편으로서 자신을 지지해준다고 여기고 안정감을 가지고 학업 및 진로와 관련된 노력을 지속해 나갈 수 있습니다. 구체적인 대화 방법은 아래의 예시를 통해 살펴보도록 하겠습니다.

대화법 포인트!

중요한 부분을 요약해보자면 첫째로는 자녀의 특성에 맞는 적절한 수준의 관심을 보이는 것입니다. 이는 부모의 양육 경험과 자녀와의 상호작용 그리고 필요한 경우에는 심리검사 등을 통해서 파악해 볼 수 있습니다.

두 번째로는 자녀가 목표로 하는 것에 대해 부모가 관심을 가지고 이러한 목표를 이루기 위해 자녀가 공부를 중심으로 한 노력을 잘 해나가고 있는지 그리고 부족하거나 어려운 점은 없는지 살펴서 도와주려는 자세를 유지하는 것이라고 할 수 있습니다. 무조건 더 잘해야 한다거나 부모의 욕심으로 인해 공부를 강조하는 것은 관계에 부정적인 영향을 미칠 가능성이 큽니다.

사례로 보는 대화법

부모: ㅇㅇ아, 요즘 공부는 잘되어 가니?

자녀: 뭐 그냥 그래요.

부모: 그래, 비슷한가 보네?

자녀: 뭐… 네.

부모: ㅇㅇ이는 공부하는 게 어때? 좀 더 할 필요가 있을 것 같아? 아니면 별로 상관없을 것 같아?

자녀: 잘 모르겠어요. 꼭 공부해야 하는지도 모르겠고…

부모: 그렇구나. 사실 우리나라는 고등학생이 하는 공부는 결국 입시로 연결되는 경우가 많거든. 그래서 사실은 내가 원하는 학교에 가거나 원하는 진로를 선택하기 위해 공부를 잘해야 하는 면도 있어. 그런 점에서 ㅇㅇ이가 하고 싶은 일이 공부가 얼마나 필요한지 생각해 보는 것도 필요해.

자녀: 네, 사실 지금 성적을 많이 올릴 수는 없을 것 같아서 좀 가능한 목표를 세워야 할 것 같기도 해요.

부모: 그래, 그런 식으로 생각해 보는 것이 좀 필요한 것 같아. 꼭 무조건 공부를 잘해야 하는 것이 아니라 내가 원하는 목표에 맞춰 생각해 보는 것이 좀 현실적인 생각일 수 있지.

자녀: 네.

부모: 그러면 ㅇㅇ이는 고등학교를 졸업하고 어떻게 하면 좋을 것 같아?

자녀: 음… 그래도 대학은 가보고 싶어서 아직 학과는 잘 모르겠지만 대학은 갔으면 좋겠어요.

부모: 그래 그러면, 그래도 어느 정도 기본적으로 공부는 해야 할 거 같은데?

자녀: 네, 그런데 제가 공부를 잘할 수 있을지 모르겠어요.

부모: 그래, ○○이가 공부가 좀 부족할 수 있지만, 엄마(아빠)가 필요한 부분은 도와줄게. 학원을 간다든지 이런 부분 말이야. 그러니까 공부를 해나가면서 좀 더 구체적으로 어떤 학교의 어떤 학과를 갈지 생각해 보자. 그러면서 실제 가능한 수준으로 목표를 잡아보면 좋을 것 같아.

자녀: 네 좋아요.

부모: 그래, 공부하면서 진로에 대한 고민도 계속해보자. 공부를 잘하면 선택할 수 있는 범위가 좀 더 넓어지는 면은 있어. 그래서 일단 어느 정도 공부는 하면서 내가 원하는 길을 생각해 보면 좋을 것 같아. 그래서 내가 공부가 좀 한계가 있다고 여겨진다면 그에 맞는 선택을 할 수도 있는 거지.

위의 대화 사례처럼 자녀는 사실 공부를 하는 것이 진로와 어떻게 연결되는지 잘 생각하지 못하고 막연하게만 생각하고 있을 수 있습니다. 이런 경우 이제 자녀가 고등학생 정도 되었다면 부모가 이에 대해 좀 더 적극적으로 설명해줄 필요성이 있습니다. 위와 같은 대화를 통해 자녀가 자신이 공부하는 것이 앞으로 미래에 어떻게 연결이 되는지 현실적으로 생각해 볼 수 있을 것입니다.

여기서 좀 더 구체적으로 나아간다면 자녀의 성적에 맞춰서 선택할 수 있는 대학과 학과들을 자녀와 함께 살펴보는 것도 좋은 방법입니다. 그런데 그러기 위해서는 부모도 관심을 가지고 이에 대한 정보를 알아봐야 하고 자녀와 진지하게 대화를 나눌 시간도 확보해야 합니다. 이렇게 생각해 보면 결국 부모가 얼마나 관심을 가지느냐가 자녀의 진로발달 그리고 학업을 지속하는 에너지에 큰 영향을 미친다고 할 수 있겠습니다.

고등학생 자녀뿐만 아니라 부모에게도 자녀의 성적은 여러모로 중요한 것이 됩니다. 그러나 앞서 이야기한 것처럼 부모의 욕심으로 인해 자녀가 공부를 잘하기를 원하는 것이 아니라 자녀가 원하는 진로와 목표를 성취하기 위해 공부를 잘할 수 있도록 부모가 가이드 해주는 것이 중요하다고 할 수 있습니다.

왜냐하면, 공부하는 것도 자녀이고 앞으로 진로를 선택하게 되는 것도 자녀이기 때문입니다. 이 과정에서 자녀가 스스로 목표를 어느 정도로 잡고 관련된 노력을 얼마나 기울일지를 스스로 선택하고 경험하게 하는 것이 자녀의 장기적인 발달과 진로의 측면에서 도움이 되는 방식이라고 할 수 있습니다.

그렇지 않고 자신이 원하지 않는 일을 누군가를 위해서 한다면 이런 노력을 오랜 시간 지속하기 어렵고 잘못하면 큰 심리적 어려움으로도 이어지기 때문입니다.

08

♦ ♦ ♦

대한민국에서 자녀의 진로와 입시에 있어서
부모의 도움은 매우 중요하다

자녀의 자율성을 존중하는 사회적 분위기가 많이 형성되면서 우리나라도 이전과는 달리 자녀의 뜻을 부모가 따라주고 자녀가 스스로 선택하도록 하는 경우가 많아졌습니다. 이전에 너무 권위적으로 자녀를 대하는 경우도 우리나라에 많이 있었기 때문에 이런 변화가 긍정적인 면도 있습니다.

그런데 한편으로는 부모가 신경을 써주고 관심을 가지고 지도해줘야 하는 부분에서도 이런 지도를 부모가 해주지 않아 자녀가 오히려 방치되는 경우도 발생하곤 합니다.

여기서 대표적인 것 중 하나가 자녀의 학업과 진로입니다. 그리고 더 나아가서는 입시와 관련된 것에 있어서도 자녀에게 온전히 맡겨버리는 경우가 있습니다. 이렇게 하는 경우 자녀가 아주 독립적인 기질인 경우에는 조금 나을 수도 있지만 대부분 부정적인 결과로 이어지곤 합니다.

자녀가 매우 독립적인 경우에도 자녀에게 완전히 관심을 가지지 않는 것이 아니라 자녀의 상황에 맞는 따뜻한 관심과 격려가 함께 하는 것이 필요하다고 할 수 있습니다. 또한, 이런 경우에도 부모가 적절한 관심과 필요한 도움을 함께 주는 것은 자녀에게 도움이 된다고 할 수 있습니다.

그리고 대부분의 경우에는 부모가 자녀에게 실질적인 도움과 가이드를 제공하면서 한 팀으로서 학업과 진로, 입시를 해나가는 것이 훨씬 좋은 결과로 이어지는 경우가 대부분입니다. 그러므로 자녀가 고등학생이라면 부모 역시도 자녀와 함께 자녀의 진로와 학업 그리고 입시와 관련된 부분에 관심을 가지고 자녀가 아직 청소년이기 때문에 필요한 도움들을 부모가 제공해준다면 자녀가 효과적으로 필요한 활동을 해나갈 수 있을 것입니다.

또한, 입시제도가 점점 다양해지고 복잡해지면서 현실적으로 부모가 이를 좀 살펴보고 공부하여 자녀에게 필요한 정보를 제공하는 것은 분명 도움이 되는 일이 됩니다. 왜냐하면, 사회경험이 있고 성인인 부모가 정보를 탐색하고 정리하는 것은 아직 청소년인 자녀가 하는 것보다 분명 더 효과적이고 현실적인 부분이 있기 때문입니다.

이와 같이 자녀에게 부모가 필요한 정보를 잘 제공해주고 도움을 주려는 태도를 보이는 것은 자녀에게 심리적인 안정감을 주고 이를 기반으로 하여 진로와 학업에 충분히 몰두하여 좋은 결과를 내도록 하는데도 심리, 정서적인 도움을 준다고 할 수 있습니다. 당연히 부모-자녀 관계도 이런 과정을 통해 더욱 돈독해질 수 있습니다.

여기서 주의할 점은 자녀의 속도에 맞춰 자녀에게 필요한 도움을 제공하는 것이 중요하다고 할 수 있습니다. 그렇지 않고 부모가 너무 앞서가거나 자녀가 원하지 않는 방향으로 자녀에게 강요하는 방식이 된다면 이는 부모-자녀 관계를 악화시키고 안 그래도 많은 스트레스 상황에 놓이게 되는 고등학생 자녀에게 또 다른 스트레스 요인이 될 수 있습니다.

그러므로 부모가 자녀의 진로, 학업, 입시 등에 필요하다고 여겨지는 부분을 자녀에게 가르치려고 하거나 강요하려고 하기보다는 자녀에게 제안하여 자녀가 이를 살펴보고 스스로 선택할 수 있도록 하는 방식의 대화가 효과적인 대화법이 될 수 있습니다.

부모가 이해하고 있는 자녀의 특성에 기초하여 자녀가 어느 정도의 이야기를 받아들일 수 있는지 그리고 지금까지 진로와 관련하여 자녀와 이야기한 부분에 기초하여 자녀에게 필요한 정보가 어떤 것일지를 고민하여 이를 제공하고 함께 고민하고 논의하는 시간을 가지는 것이 고등학생 자녀와 부모의 사이에서 필요한 대화방식이라고 할 수 있습니다.

이와 같은 대화를 통해 부모도 현재 자녀가 고민하는 부분에 대해 이해할 수 있으며 또 부모가 자녀에게 필요한 도움을 제공할 수 있도록 하고 이런 도움을 자녀가 받으면서 부모에 대한 고마움도 생기고 서로 관계가 향상될 수 있습니다.

그리고 앞서 이야기한 것과 같이 이런 과정이 부모-자녀 관계뿐만 아니라 고등학생 자녀가 학업 및 진로 그리고 입시과정에서 안정감을 가지고 효과적으로 해야 할 일들을 해나가는 기반이 될 수 있습니다.

결국, 여기서 중요한 것은 균형을 잘 잡는 것입니다. 우리나라는 헬리콥터 맘(헬리콥터처럼 자녀의 주위를 돌며 자녀의 일에 과도하게 간섭하며 과잉보호하는 어머니를 지칭하는 말)이라는 말이 유행할 정도로 부모가 자녀의 학업에 너무 신경을 쓰고 집착을 하여 부작용이 발생하는 경우가 많았습니다. 그러다가 시대가 바뀌어 가면서 또 자녀의 자율성을 중시하는 문화가 생기면서 어떤 사람들은 여전히 헬리콥터 맘처럼 행동하고 어떤 사람들은 오히려 자녀에게 선택권을 준다고 하면서 거의 방치하다시피 하기도 하였습니다. 헬리콥터 맘과 자녀를 방치하는 부모가 서로 양극단에 있다면 적절한 수준은 이 둘 사이의 지점이라고 할 수 있습니다.

그런데 여기서 또 어려운 점은 자녀의 특성에 따라 적절한 관심을 가지는 수준이 달라진다는 것입니다. 그러므로 자녀가 어느 정도 수용적으로 받아들일 수 있는 수준으로 부모가 도움을 주는 것이 현재의 대한민국의 부모에게 필요한 태도라고 할 수 있습니다.

그러므로 단순하게 완전히 자녀를 통제하려고 하거나 완전히 자녀를 방치하는 것과 달리 적절하게 자녀와 관계를 유지하면서 자녀에게 잘 맞는 수준으로 관심을 가진다는 것은 정말 쉽지 않은 일이라고 할 수 있습니다.

이를 위한 방법은 부모가 자녀의 반응을 보면서 계속해서 관심의 정도를 조율해 나가는 것이라고 할 수 있습니다. 또한, 부모의 관심사나 부모가 원하는 진로를 일방적으로 이야기하는 것이 아니라 자녀가 원하는 관심사나 진로 방향을 같이 이야기하고 이에 관련된 것을 중심으로 자녀에게 도움을 준다면 분명 자녀에게 필요한 도움이 될 것이고 그렇다면 자녀도 부담스러워하거나 거부적으로 반응할 가능성이 낮을 것입니다.

대한민국의 현실에서 여전히 입시와 학업 등이 중요한 상황입니다. 그리고 이러한 입시와 학업, 진로와 관련된 제도, 그리고 일의 세계 등이 매우 빠르게 변화하고 복잡해지고 있어 자녀의 혼자 힘만으로 이런 일과 진로, 그리고 입시와 관련된 상황을 잘 헤쳐나간다는 것이 쉽지 않습니다.

이런 상황에서 부모가 어른의 관점에서 자녀에게 필요한 도움을 주고 계속해서 자녀와 상호작용을 통해 적절한 대화를 해나간다면 앞서 말한 것처럼 부모와 자녀가 한 팀으로서 같이 효과적으로 일과 진로 그리고 학업과 입시와 관련해서 필요한 행동들을 적절하게 해나가고 만족스러운 진로를 걸어나갈 수 있게 될 것입니다.

대화법 포인트!

부모의 욕심이 아닌 자녀가 필요로 하는 도움이 무엇인지 진심 어린 마음으로 살펴보고 자녀가 받아들일 수 있는 수준으로 적절하게 부모가 필요한 도움을 제공하는 것이 중요합니다.

사례로 보는 대화법

부모: ○○아, 이제 대학진학 같은 입시에도 좀 신경을 써야 할 것 같은데 좀 생각해 본 것이

있니?

자녀: 음… 글쎄요. 일단 저는 수시로 대학을 가야 할 것 같기는 해요.

부모: 그래?

자녀: 네.

부모: 음. 그래도 ○○이가 그런 생각을 해봤구나. 수시로 가야 할 것 같다는 건 어떤 점에서 그런 거야?

자녀: 음. 그냥 대부분 수시로 많이 가기도 하고 아무래도 내신은 그래도 준비하면 좀 더 할 수 있을 것 같아서요.

부모: 그렇구나. 아무래도 일반적으로 수시로 많이 가기는 하지. 그런데 그건 ○○이가 무슨 학과 그리고 어떤 학교에 가려고 하느냐에 따라서 어떤 제도로 대학을 가는 것이 유리 한지 달라져.

자녀: 하긴 그렇긴 한 것 같아요.

부모: 그래. 그래서 사실 ○○이가 원하는 곳을 좀 구체적으로 정하는 것이 먼저 해야 할 일이 긴 한데 좀 생각해 본 것이 있어?

자녀: 글쎄요. 저는 이제 컴퓨터를 하는 것을 좋아하니까 프로그래머를 하고 싶어서 컴퓨터 공 학과 같은 곳을 가고 싶긴 해요.

부모: 그래. 그렇구나. 그러면 먼저 컴퓨터 공학과가 있는 학교들을 살펴보고 대략 수시나 정 시 전형이 어떻게 되는지도 보고 작년에 점수가 어느 정도가 필요했는지도 보면 좋을 것 같네.

자녀: 네. 그런데 잘 모르겠더라고요.

부모: 그래 ○○이는 혹시 가고 싶은 대학이 있어?

자녀: 음… 일단 ○○대학교가 컴퓨터 공학과가 유명하니까 한번 생각해 보긴 했어요.

부모: 그래. 가고 싶은 곳이 있다는 점은 좋네. 그런데 실질적으로는 이제 얼마나 점수가 필요 한지 어떤 제도가 있는지 알아봐야 내가 갈 수 있는지 생각해 볼 수 있거든. 먼저 지금

까지 ㅇㅇ이가 내신이 이 정도니까 입학할 방법이 있는지 엄마(아빠)가 한번 찾아볼까?

자녀: 음… 그러게요. 그런 게 좀 있으면 좋겠네요.

부모: 그래. 그럼 엄마(아빠)가 한번 그런 것을 찾아볼게 그리고 그 외에도 현재 ㅇㅇ이가 목표로 잡아볼 수 있는 곳을 한번 찾아볼게 ㅇㅇ이도 같이 찾아보고 한번 다시 이야기해 보자.

자녀: 네.

위의 대화 예시처럼 자녀는 고등학생이 되었다고 하더라도 아직 명확하게 목표가 잡혀있지 않은 경우가 꽤 있을 것입니다. 이런 경우 부모가 좀 더 적극적으로 나서서 목표를 세울 수 있도록 도와주는 것이 필요합니다.

부모가 줄 수 있는 좋은 도움은 좀 더 구체화를 할 수 있도록 도와주는 것입니다. 왜냐하면, 구체화를 할수록 이에 따라 필요한 행동을 할 수 있도록 독려해주기 좋기 때문입니다. 구체적이지 않은 목표는 행동으로 옮기기 어렵습니다.

그러므로 자녀가 어떤 학교 어떤 학과에 가고 싶은지 정도는 잠정적으로 목표를 세울 수 있도록 가이드를 해주고 해당 학교의 학과에 어떤 전형이 있는지를 부모가 같이 찾아보고 작년도 입시 결과 등을 통해 현재 자녀의 성적으로 갈 수 있는지 같이 살펴보는 것이 필요합니다.

이런 과정을 부모가 혼자 하기 어렵다면 입시와 관련된 전문가의 도움을 받는 것이 필요할 수 있습니다. 다만 전문가의 도움을 받더라도 전문가에게만 맡겨두는 것이 아니라 부모가 그 과정을 함께하고 관심을 두는 것이 중요합니다. 그리고 적절하게 부모의 의견도 함께 이야기해 준다면 자녀는 부모가 자신의 든든한 울타리가 되어준다고 여기고 더욱 안정적으로 자신의 진로를 계획하고 필요한 학업 등의 활동을 해나갈 수 있을 것입니다.

하고 싶은 일이 있는 아이로 키우는 방법

초판인쇄 2024년 7월 31일
초판발행 2024년 7월 31일

지은이 류인찬
펴낸이 채종준
펴낸곳 한국학술정보(주)
주 소 경기도 파주시 회동길 230(문발동)
전 화 031-908-3181(대표)
팩 스 031-908-3189
홈페이지 http://ebook.kstudy.com
E-mail 출판사업부 publish@kstudy.com
등 록 제일산-115호(2000. 6. 19)

ISBN 979-11-7217-458-3 03370